中国产业智库报告

中国社会科学院工业经济研究所

中国产业发展和产业政策报告
(2015~2016)

黄群慧　黄速建　王　钦　肖红军　等/著

经济管理出版社

ECONOMY & MANAGEMENT PUBLISHING HOUSE

图书在版编目（CIP）数据

中国产业发展和产业政策报告（2015~2016）/黄群慧等著.—北京：经济管理出版社，2016.10
ISBN 978-7-5096-4840-7

Ⅰ.①中… Ⅱ.①黄… Ⅲ.①产业发展—研究报告—中国—2015②产业政策—研究报告—中国—2015 Ⅳ.①F121

中国版本图书馆 CIP 数据核字（2016）第 315050 号

组稿编辑：陈　力
责任编辑：陈　力　舒　林
责任印制：黄章平
责任校对：雨　千

出版发行：经济管理出版社
　　　　　（北京市海淀区北蜂窝 8 号中雅大厦 A 座 11 层　100038）
网　　　址：www. E-mp. com. cn
电　　　话：（010）51915602
印　　　刷：北京晨旭印刷厂
经　　　销：新华书店
开　　　本：787mm×1092mm/16
印　　　张：17.5
字　　　数：212 千字
版　　　次：2017 年 1 月第 1 版　　2017 年 1 月第 1 次印刷
书　　　号：ISBN 978-7-5096-4840-7
定　　　价：56.00 元

《中国产业发展与产业政策报告(2015～2016)》
课题组

课题组总负责人:

黄群慧　中国社科院工业经济研究所研究员、所长

黄速建　中国社科院工业经济研究所研究员

课题组执行负责人:

王　钦　中国社会科学院工业经济研究所

肖红军　中国社会科学院工业经济研究所

课题组执笔人:

王　欣　王　钦　邓　洲　叶振宇　刘建丽　江飞涛

肖红军　贺　俊　黄阳华　黄娅娜　霍景东

目 录

1　2014 年以来工业发展状况

2014 年以来，中国工业经济增速下滑明显，规模以上工业企业增加值增速下滑到 1998 年以来的最低点。增速下滑的同时，工业产业结构调整取得了积极进展，创新驱动发展取得新进步，两化融合得到深入推进，对外开放和合作迈出了新步伐，小微企业扶持力度得到空前加大。整体上看，中国工业发展进入中高速增长和结构调整优化的"新常态"。

1.1　工业增速调整下行

工业经济增速下滑。2014 年，全部工业实现增加值 227991 亿元，较 2013 年增长 7.0%，增幅较 2013 年回落 0.6 个百分点。其中，规模以上工业增加值增长 8.3%，较 2013 年下降 1.4 个百分点；工业增加值占 GDP 比重为 35.8%，较 2013 年下降 1.2 个百分点。工业仍然是国民经济增长的主导力量，但工业发展已经进入中高速增长和结构调整为主的"新常态"。分行业看，2014 年，规模以上工业中，农副食品加工业增加值较 2013 年增长 7.7%，纺织业增长 6.7%，通用设备制造业增长 9.1%，专用设备制造业增长 6.9%，汽车制造业增长 11.8%，计算机、通信和其他电子设备制造业增长 12.2%，电气机械和器材制造业增长 9.4%（图 1 - 1 - 1）。2015 年上半年，规模以上医药制造业，有色金属冶炼及压延加工业，计算机、通信和其他电子设备制造业增速超过 10%。总体上看，电子信息、汽车、装备增速较快，属于当前高增长行业。分月度看，2014 年上半年工业增加值增速有所回升，下半年波动性明显增加且增速比上半年显著下滑，2015 年 4 月以来增速逐步回升，但仍显著低于 2014 年同期增速水平（图 1 - 1 - 2）。

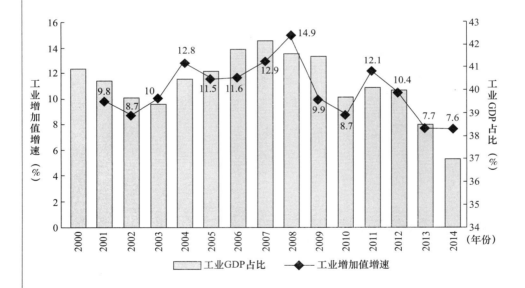

图 1 - 1 - 1　2000～2014 年全部工业增加值增速和工业占 GDP 比重情况

注：增速按不变价格计算。

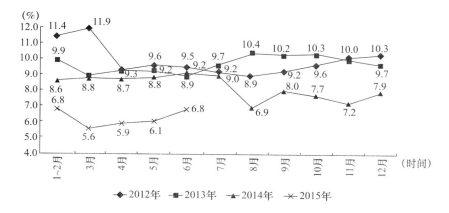

图1-1-2　2012~2015年上半年规模以上工业增加值分月增速

工业产品产量增速下滑。受宏观经济和工业增长趋缓影响，2014年，主要工业产品产量增速总体下滑。除纱、房间空气调节器和彩色电视机，其余主要工业产品产量增速均低于"十一五"平均水平，大多数产品产量增幅低于2013年水平。分产品看，大中型拖拉机、家用电冰箱和移动通信手持机产品产量增速下滑幅度最大，分别较2013年下降17.1、14.9和11.4个百分点。房间空调调节器、卫星计算机设备和彩色电视机产量有较大增幅，增速分别较2013年提高12.5、9.2和11.0个百分点图1-1-3。

工业投资回落。2014年，全国工业固定资产投资204515亿元，较2013年增长12.5%，增速较2013年回落5.3个百分点；工业固定资产投资占全部固定资产投资（不含农户）的40.7%，较2013年下降0.1个百分点；"采矿业"、"制造业"、"电力、热力、燃气及水生产和供应业"固定资产投资分别为14681亿元、166918亿元和22916亿元，分别较2013年增长0.7%、13.5%和17.1%，增速分别较2013年回落10.2、5.0和1.3个百分点，采矿业和制造业投资增速下降是造成工业总体投资回落的主要原因。从制造业内部看，2014年，通用设备

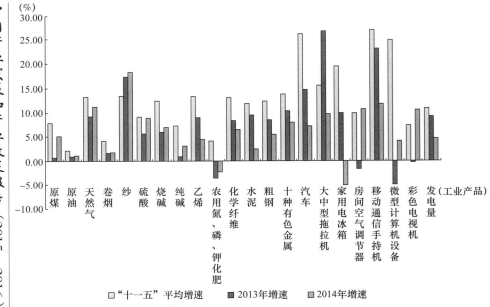

图 1－1－3　2014 年主要工业产品产量增速（与 2013 年、"十一五"平均比较）

制造业、专用设备制造业、电气机械及器材制造业、铁路船舶航空航天和其他运输设备制造业等行业分别增长 16.4%、14.1%、12.9%、16.1%，而黑色金属冶炼及压延加工业、有色金属冶炼及压延加工业增速降到近年以来最低点，分别为 －5.9% 和 4.1%。总体上看，工业投资促进了工业结构绿色化、高效化转型发展。2015 年 1－2 月，工业投资 1.29 万亿元，较 2014 年同期增长 11.2%，增速下降 2.6 个百分点。工业投资占固定资产投资（不含农户）比重为 37.3%，同比下降 0.9 个百分点，工业投资继续保持回落趋势。

1.2　产业结构调整步伐加快

高新技术产业和新兴产业发展加快。2014 年，国家和各地大力发展先进制造、新材料、节能环保、生物医药和新一代信息技术，战略性新兴产业发展势头良好。推动建立了首台（套）重大技术装备保险补偿机制，出台了加快新能源汽车推广应用的一系列政策措施。2014年，高技术制造业增加值较2013年增长12.3%，明显快于工业平均增速。分行业看，规模以上医药制造业，铁路、船舶、航空航天和其他运输设备制造业，电气机械和器材制造业，计算机、通信和其他电子设备制造业，仪器仪表制造业等高技术密集度产业增加值增速在10%以上或接近10%，是工业和制造业增速维持在中高水平的重要保障。2015年，先后出台《中国制造2025》和"互联网＋"行动计划，加快实施高端装备、信息网络、集成电路、新能源、新材料、生物医药、航空发动机、燃气轮机等领域的重大项目，新兴产业正成为我国新的主导产业。同时，新兴产业领域创业创新环境得到改善，2015年，已设立400亿元新兴产业创业投资引导基金，整合筹措更多企业和社会资金，为产业创新添加新动力。

传统产业改造升级稳步推进。工业技术改造投资占工业投资比重保持在40%以上，增速保持在10%以上。随着各项扶持政策相继出台，在机械、纺织、服装、家具、鞋业等重复劳动特征明显、劳动强度大的传统制造业中，利用先进自动化生产设备进行技术改造升级步伐明显加快。同时，两化融合推动了移动互联网、云计算、大数据、物联网等与传统产业的结合，促进电子商务、工业互联网和互联网金融健康发展，在促进优势企业发展、化解产能过剩、激活新兴市场等方面起到促进作用。

提前完成淘汰落后产能"十二五"任务。2014年，统筹淘汰落后产能和压缩过剩产能并举，严控新上增量，制定实施产能置换实施办法，钢铁、船舶、煤化工等重点行业产能基本纳入行业准入和规范管理范围。截至 2014 年 11 月底，已淘汰炼钢产能 2790 万吨、水泥 6900 万吨、平板玻璃 3760 万重量箱，圆满完成政府工作报告确定的目标，提前一年完成"十二五"淘汰任务。

产业组织结构进一步优化。2014 年，推动出台了进一步优化企业兼并重组意见，稀土、光伏、婴幼儿配方乳粉等行业兼并重组进程明显加快，汽车、水泥等行业集中度有所提高，高技术领域重大并购重组不断涌现。小微企业发展环境不断改善，2014 年，中央财政 14.1 亿元支持的 744 家担保机构，新增中小企业担保贷款 1.27 万亿元，受保中小企业 32.4 万户，全年小微企业贷款增速比各项贷款平均增速高 4.2 个百分点。

1.3　创新驱动发展取得新进步

研发投入和成果稳步增长。2014 年，全年研究与试验发展（R&D）经费支出 13312 亿元，较 2013 年增长 12.4%，占国内生产总值 2.1%，与 2013 年持平，其中基础研究经费 626 亿元；全时研发人员总量达到 380 万人年，位居世界第一；每万名就业人员中研发人员数量达 49.2 人；全年共安排 3997 项科技支撑计划课题，2129 项"863"计划课题。2014 年，国际科技论文数量稳居世界第 2 位，被引次数上升至第 4 位；国内有效发明专利达 66 万件，较 2013 年增长 12%；全国技术合同 29.7 万项，成交额达 8577 亿元，较 2013 年增长 14.9%。

创新对工业转型升级支撑作用增强。突出抓好以企业为主体的技术创新体系建设，新认定 72 家国家技术创新示范企业，重点支持了 195 个重大科技成果转化项目，启动部级重点实验室认定工作，产学研用对接有序开展。截至 2014 年底，累计建设国家工程研究中心 132 个，国家工程实验室 154 个，国家认定企业技术中心 1098 家。全年国家新兴产业创投计划累计支持设立 213 家创业投资企业，资金总规模 574 亿元，投资创业企业 739 家。2014 年，国家高新区总收入达到 23 万亿元，较 2013 年增长 15.0%。

重大专项稳步推进。超级计算机、百万千瓦级核电装备、大型飞机等取得了新的重大突破，完成航空发动机及燃气轮机专项论证工作。智能制造装备等专项工程的实施推动了高技术船舶、汽车发动机关键部件、高精度冷轧板、碳纤维、文物保护装备等重点领域研发和产业化。继续深入开展工业强基专项行动，加快促进四基发展及示范应用，突破了轨道交通等部分基础领域的瓶颈制约。嫦娥三号圆满完成既定工程和科学目标，高分一号卫星在国土、环保、农业等行业取得重要应用成果，高分二号卫星成功发射，标志着我国卫星遥感技术进入亚米级时代。

1.4 两化深度融合深入推进

信息化基础设施更加完善。到 2014 年底，全国固定宽带普及率、移动电话普及率、互联网普及率分别达到 69.5%、63.8% 和 62.3%，较 2013 年底分别提高 3.3、3.3 和 3.6 个百分点，固定宽带端口平均速率较 2013 年提高 28.1%。实施宽带中国专项行动，三网融合深入推进，7 个新增国家级互联网骨干直联点建成开通，网络升级和行业转型成效显著。2014 年，新增光纤到户覆盖家庭达到 7000 万，4G 用户突破 9000 万，IPTV 用户达到 3340 万，8M 及以上宽带用户比例达到 38.9%。基础电信企业非话业务收入占总收入比重达到 57.9%，11 家互联网企业进入全球市值排名前 30 名。通信村村通工程实施十年，全国通宽带乡镇和行政村比例从 90%、70% 分别跃升至 100%、93.5%。全国有 27 个省、市、自治区设立了两化融合专项引导资金，政府对两化融合资金支持力度不断加大，企业更加重视信息化建设，两化融合基础环境明显改善。

基于互联网基础上的新的业态和新的商业模式不断涌现，规模不断扩大。2014 年，全国信息消费达到 2.8 万亿元，较 2013 年增长 18%；电子商务交易额达到 12 万亿元，较 2013 年增长 20%，其中网络零售交易额达到 2.6 万亿元，较 2013 年增长 41.0%，信息消费的拉动带动了相关产业 1.2 万亿元的产值增长，对 GDP 贡献约 0.8 个百分点。物联网、云计算、大数据与制造业融合创新广泛开展，一批工业云服务平台、产业联盟成立并运行，企业、行业、区域综合集成应用典型不断涌现。

信息化改造提升工业步伐加快。截至 2014 年底，全国规模以上企业数字化研发设计工具普及率达到 54%，五年来增加 4 个百分点；规模以上企业数字化工序数控类达到 30%，五年来提高了 4 个百分点，信息技术在提高工业生产效率、减少要素消耗、提升管理水平等方面发挥着越来越重要的作用。

政策支持力度不断加大。2014 年 11 月，李克强总理出席首届世界互联网大会时指出，互联网是大众创业、万众创新的新工具，两化融合正在成为中国经济提质增效升级的新引擎。2015 年 3 月，十二届全国人大第三次会议上，李克强总理在《政府工作报告》中首次提出"互联网＋"行动计划，旨在推动移动互联网、云计算、大数据、物联网等与现代制造业结合，促进电子商务、工业互联网和互联网金融健康发展，引导互联网企业拓展国际市场。在政策推动下，运用两化融合的智慧城市、智慧工厂、智慧车间的好的典型和示范将得到更快推广。

信息安全保障有所增强。积极适应管理体制的变化，以互联网为核心加强行业管理和网络信息安全保障，重点在基础资源、网站备案、电话用户实名登记、用户个人信息保护、移动智能终端、手机应用商店等方面，依法加强监管，健全部省联动机制，加强行风建设，市场秩序得到进一步规范。深入开展打击治理移动互联网恶意程序、垃圾短信治理、打击伪基站等专项行动。网络运行安全管理和保障水平稳步提升，出色完成反恐维稳、重大活动及突发公共事件应急通信、无线电和网络信息安全保障任务。

1.5 对外开放合作迈出新步伐

工业品出口增速保持低位。2014 年，规模以上工业实现出口交货值 120933 亿元，较 2013 年增长 6.4%，增速较 2013 年提高 1.4 个百分点，但低于工业增加值增速。2015 年上半年，规模以上工业实现出口交货值 55707 亿元，较 2014 年同期下降 0.4%，全球经济尚处于恢复期，我国工业产品出口增速继续保持低位。分产品看，2014 年，焦炭及半焦炭、矿物肥料及化肥、陶瓷产品、贵金属或包贵金属的首饰、钢材、彩色电视机、灯具照明装置及零件的出口增长较快，出口额分别较 2013 年提高 50.7%、43.1%、15.2%、61.9%、33.1%、22.6% 和 26.1%，稀土、煤及褐煤、原油、集成电路、船舶、液晶显示板等产品出口金额出现负增长。机电产品和高新技术产品出口金额合计达到 80527 亿元和 40570 亿元，较 2013 年增长 2.6% 和下降 1.0%，分别占全部产品出口的 56% 和 29%，而进口金额合计增加 0.7% 和 2.2%。虽然工业产品出口增长有所下降，但下降幅度低于进口，进出口贸易差明显扩大。在工业品的带动下，2014 年，全年贸易顺差为 23489 亿元，较 2013 年增长 45.9%，2015 年 1～5 月货物贸易顺差达到 13319 亿元，为 2014 年同期的 3 倍。

利用外资和对外投资有所放缓。2014 年，工业领域实际利用外资 421.4 亿美元，较 2013 年回落 12.2%，制造业和电力、燃气及水生产和供应业实际利用外资分别为 399.4 亿美元和 22.0 亿美元，分别较 2013 年回落 12.3% 和 9.3%。同时，工业领域对外投资也有所下降，2014 年，工业领域对外直接投资 281.3 亿美元，较 2013 年回落 6.8%，采矿业，制造业，电力、热力、燃气及水生产和供应业对外投资分别为 193.3 亿美元、69.6 亿美元和 18.4 亿美元，分别较 2013 年下降 4.1%、19.8% 和增长 36.3%。工业领域利用外资和对外投资出现负增长是我国对外开放调整转型的结果，房地产业、租赁和商务服务业等第三产业成为吸引外资的新领域，批发和零售业、信息传输、软件和信息技术服务业、房地产业、租赁和商务服务业则成为对外直接投资增长最快的领域。

对外开放合作迎来新阶段。2014 年以来，继续推动中美、中欧投资协定谈判，大力推进与东亚、东南亚国家之间的自由贸易区建设，深度参与国际贸易规则的制修订，为我国制造企业走出去营造更为宽松的国际环境。"一带一路"战略的实施和亚洲基础设施投资银行的建设，为我国制造企业参与沿线国家基础设施建设和产能合作开辟了新的市场空间。自由贸易试验区从上海向天津、广东和福建拓展，将大幅提升我国沿海开放水平，为中国制造走出去探索更加有利的体制机制条件。2015年1月，李克强总理在国务院常务会议上部署加快铁路、核电、建材生产线等中国装备"走出去"步伐，我国优势产能和装备将成为未来国际产能合作的重要领域以及我国对外开放合作提升的重要方向。

2 工业发展水平评估

2.1 工业发展指数

2.1.1 指数构建

本报告从工业生产效率、绿色发展、技术创新、国际竞争力和增长五个维度构建工业发展指数。生产效率采用Sequential – Malmquist – Luenberger（SML）生产效率指数，绿色发展选用能源效率、废水排放产出强度、废气排放产出强度三个二级指标分析，技术创新包括创新投入和创新产出两方面四个指标，国际竞争力采用国际贸易竞争力指数，工业增长则选用工业增加值增长率。关于工业发展指数构建的详细内容参见附录1。

表 2－1－1　工业发展指数指标体系

一级指标	二级指标	指标说明	单位
生产效率	Sequential － Malmquist － Luenberger 生产效率指数	数据包络分析（DEA）计算	
绿色发展	能源效率	工业总产值/能源消费总量	万元/吨标准煤
	废水排放产出强度	行业总产值（可比价）/废水排放量	元/吨
	废气排放产出强度	行业总产值（可比价）/废气排放量	万元/标立方米
技术创新	专利申请数		件
	R&D 人员占比	R&D 人员/从业人员	%
	R&D 强度	R&D 经费/销售收入	%
	新产品销售收入占比	新产品销售收入/产品销售收入	%
国际竞争力	国际贸易竞争力指数	净出口额/贸易总额	
增长	工业增加值增长率		%

报告分别给出了环比和（以 2005 年为基期的）定基发展指数。指数构建步骤如下：

首先，计算行业发展水平。采用德尔菲法确定五个评估维度的基准权重：生产效率、可持续发展、技术创新、国际竞争力和增长的权重分别为 0.25、0.25、0.20、0.18、0.12。计算行业发展指数时，结合各行业特征，对基准权重进行调整，以更为准确地反映行业真实发展水平。

其次，计算工业发展指数。利用上一步计算得到的行业发展指数，以 2011 年各行业工业总产值占样本工业总产值之和比重为行业权重，计算工业发展指数。

最后，使用因子分析法验证主观权重法和客观权重法计算的工业发展指数是否具有一致性。

报告选择了 14 个重点制造业行业作为样本，涵盖国民经济行业分类（GB/T 4754－2002）中的 16 个行业。2011 年，相关部门对国民经济行业分类（GB/T 4754－2002）进行了修订，最新版国民经济行业分类（GB/T 4754－2011）中将交通运输设备制造分为汽车制造，铁路、船舶、航空航天和其他运输设备制造业两个行业，为保证行业口径一致性和可比性，2011年以后的工业发展指数计算时将汽车制造，铁路、船舶、航空航天和其他运输设备制造业加总，继续采用交通运输设备制造口径。

工业发展指数指标时间跨度为2005～2013年[①]，数据来自历年《中国统计年鉴》、《中国工业经济统计年鉴》、《中国环境统计年鉴》、《中国人口和就业统计年鉴》、《中国科技统计年鉴》和第三次全国经济普查数据等；国际贸易数据来自联合国COMTRADE数据库，按照联合国贸易统计的HS编码与国民经济行业分类的对照表，将联合国COMTRADE数据库中按产品统计的国际贸易数据转换为国民经济行业的国际贸易数据。

2.1.2　发展水平评估

2005～2013年，工业发展定基指数呈现对称"倒U型"变化。2005～2009年，中国工业发展定基指数增长较快，2009年达到峰值142.0。随后，工业发展指数开始进入下滑通道[②]。尤其是2013年，工业发展定基指数大幅下降。

从环比计算的工业发展指数来看，2006年以后，中国工业环比指数趋于下降，表明中国工业发展面临的挑战不断增加，逐步进入转型升级深水区。这种趋势持续到2010年。受全球经济逐步复苏，我国重点产业调整与振兴，2011年和2012年，工

[①]　除效率指标外，在评价指标中其他维度的指标都可以较直接使用统计数据，或者利用统计数据经过计算得到。关于生产效率指标测算，见附录1。

[②]　由于效率指标的计算方法由传统Malmquist生产效率指数改为Sequential－Malmquist－Luenberger指数，所以2009年之前的工业发展指数与《中国产业发展与产业政策报告（2011）》略有不同。

业发展环比指数开始反弹。但是，2013 年工业发展环比指数又快速下跌，仅为 96.1（图 2 – 1 – 1）。

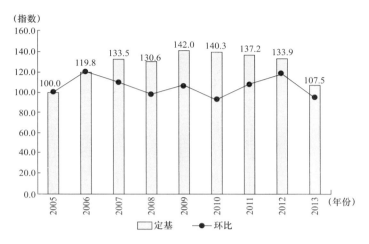

图 2 – 1 – 1　中国工业发展指数（2005 ~ 2013 年）

分维度定基指数表明，随着我国经济进入"新常态"，2008年之后增长指数持续下降是拉低中国工业发展指数的主要因素。效率指数和创新指数稳中有降，表明中国工业发展创新驱动和提质升级还需要更多的努力（图 2 – 1 – 2）。2005 年以来，绿色发展指数快速增长，表明中国工业绿色发展水平快速提升，但2012 年后绿色发展指数有所下降。

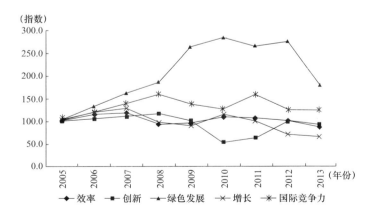

图 2 – 1 – 2　工业发展指数各维度指数变化（定基）（2005 ~ 2013 年）

分维度环比指数显示，2012年工业发展各维度指数涨落不一。其中，效率指数与上年持平，创新和绿色发展指数均负增长，效率和国际竞争力指数转为正增长。中国工业发展全面进入了转型升级的关键时期（图2-1-3）。

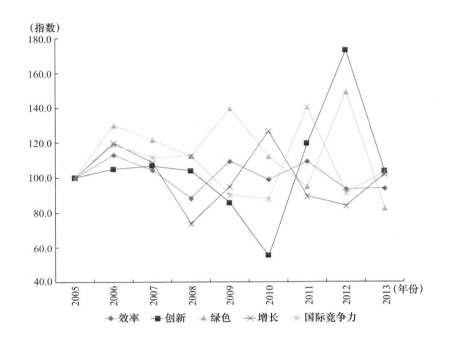

图2-1-3 工业发展指数各维度指数变化（环比）（2005～2013年）

行业发展定基指数显示，2005～2013年，消费品和原材料工业发展状况不及机械装备制造业和通信电子、计算机及其他制造业，表明中国工业发展呈现出高端化和现代化的趋势。2013年行业指数表明，中国工业发展下行具有普遍性，14个代表性行业中有13个行业环比指数负增长（图2-1-4、图2-1-5）。

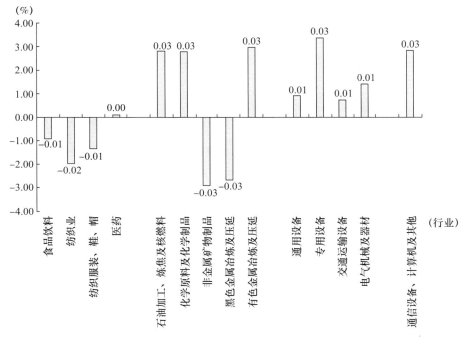

图 2-1-4 行业发展定基指数年均增长率（2005～2013 年）

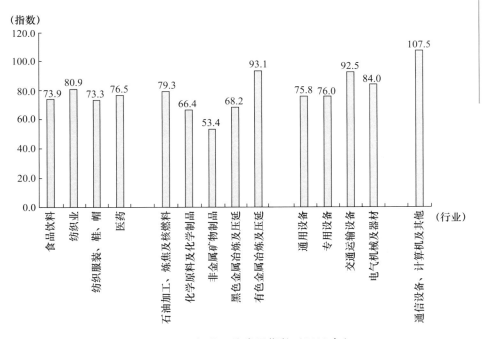

图 2-1-5 行业环比发展指数（2013 年）

2.2 效率

2013 年，中国制造业各行业平均 SML 生产效率指数为 93.8，生产效率呈现下降态势。2013 年，从行业层面看，在所分析的 14 个工业行业中，生产率变化呈现分化态势。生产率下降的行业有食品饮料工业，纺织服装、鞋、帽制造业，化学原料及化学制品业，医药工业，非金属矿物制品业，黑色金属冶炼及压延加工业，通用设备制造业，专用设备制造业。生产率上升的行业有纺织工业，石油加工、炼焦及核燃料工业，有色金属冶炼及压延工加工业，交通运输设备制造业，通信设备、计算机及其他设备制造业。电器机械及器材制造业生产率与上年持平（图 2 - 2 - 1）。

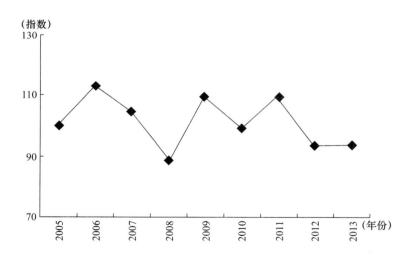

图 2 - 2 - 1　2005～2011 年各行业平均全要素生产率变化指数及其分解

2.3 增长

2014 年，工业经济增长下行压力不断增大，随着微刺激政策逐渐发挥作用，固定资产投资实际增速持续下滑态势趋于缓和，消费需求增长则相对稳定，外需增长速度有所回升，工业经济运行整体呈现缓中趋稳态势，增长速度保持在合理区间（图 2 - 3 - 1）。

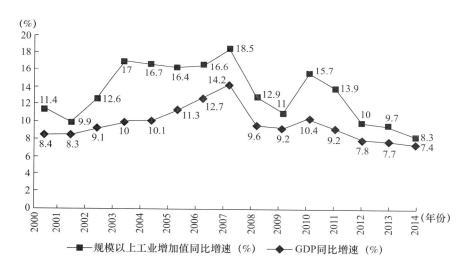

图 2 - 3 - 1　国民经济和工业经济增速（%）

2014 年工业经济增长呈现缓中趋稳态势。2014 年，规模以上工业增加值比上年增长 8.3%，较"十一五"期间平均增速下降 6.6 个百分点，较 2013 年下降 1.4 个百分点。2014 年，1～2 月规模以上工业增加值同比增速下跌至 8.6%，随后逐步回升，4～6 月规模以上工业增加值同比增速分别为 8.8%、8.7%、8.8%、9.7%，7 月下跌至 9.0%，8 月规模以上工业增加值同比增速快速下跌至 6.9%，9 月回升至 8.0%，10～12 月规模以上工业增加值同比增速分别为 7.7%、7.2%、7.9%。从三大门类来看，采矿业规模以上工业增加值比上年增长 4.5%，电力、热力、燃气及水生产和供应业规模以上工业增加值比上年增长 3.2%，增速低于工业整体水平；制造业规模以上工业增加值比上年增长 9.4%，增速高于工业整体水平。

2015 年上半年，工业经济增速进一步放缓。2015 年上半年，规模以上工业增加值同比增速为 6.3%。其中，1－2 月同比增速为 6.8%，3 月同比增速急剧下降至 5.6%，4～6 月同比增速逐步上升，分别为 5.9%、6.1%、6.8%，呈现回稳态势。从三大门类来看，2015 年上半年采矿业规模以上工业增加值同比增长 3.2%，电力、热力、燃气及水生产和供应业同比增长 3.2%，制造业规模以上工业增加值同比增长 7.1%。

2.4 技术创新

研发投入强度迈上新台阶。继 2012 年我国研究与试验发展（R&D）经费总量突破万亿元大关后，2014 年全年 R&D 经费支出 13312 亿元，比上年增长 12.4%，全球第二大 R&D 经费支出国地位进一步稳固，增速比上年下降 2.6 个百分点。R&D 经费支出与国内生产总值之比为 2.09%，逐步缩小与 OECD 国家平均水平，与美国、日本等发达国家差距进一步缩小。其中，基础研究经费 626 亿元，比上年增长 12.7%，增速略高于 R&D 经费支出增速 0.3 个百分点。企业加大技术创新投入机制正逐步得以完善，创新要素进一步向企业集聚，企业创新投入主体地位得到巩固。

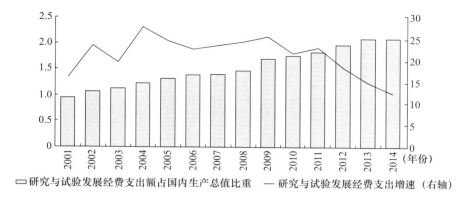

图 2-4-1　研究开发经费增速和研发强度

公共技术基础设施不断完善。2014 年，国家安排了 3997 项科技支撑计划课题，2129 项"863"计划课题。累计建设国家工程研究中心 132 个，国家工程实验室 154 个，国家认定企业技术中心 1098 家，比上年增加 96 家。全年国家新兴产业创投计划累计支持设立 213 家创业投资企业，资金总规模 574 亿元，投资创业企业 739 家，比上年分别增长 51%、47.1%。

国内有效专利和企业有效专利比重提高，有效专利结构不断优化。全年受理境内外专利申请 236.1 万件，与上年的 237.7 万件基本持平。其中，授予专利权 130.3 万件，有效专利 464.3 万件。其中，发明专利申请 92.8 万件，比上年增长 12.5%，占专利申请总数比重接近 40%，比上年增长 4.6 个百分点，专利申请质量进一步提高。截至 2014 年末，全国有效专利总量 464.3 万件，比上年增长 10.7%，其中境内有效发明专利比上年增长 21.7%。今后我国要进一步提高专利的国际化程度。2014 年，美国专利及商标局授予专利共计 326182 件，其中美国授予专利数量为 173738 件，占全部授予专利数量的 52.3%，日本和中国获授予专利数量分列第二、第三位，数量分别为 58885

件和 23068 件，仅为美国的 33.9% 和 13.3%。其中，中国获授予专利中，台湾地区 13856 件，大陆地区 9212 件，仅为韩国的一半。2014 年全年共签订技术合同 29.7 万项，比上年增长 0.2 万项；技术合同成交金额 8577 亿元，比上年增长 14.8%。

产品质量提升体系进一步健全，基础数据库不断完善。2014 年末，全国共有产品检测实验室 27051 个，其中国家检测中心 597 个。全国现有产品质量体系认证机构 183 个，已累计完成对 118354 个企业的产品认证。全国共有法定计量技术机构 4056 个，全年强制检定计量器具 6162 万台（件）。全年制定、修订国家标准 1530 项，其中新制定 1067 项。全国共有地震台站 1687 个，区域地震台网 32 个。全国共有海洋观测站 79 个。测绘地理信息部门公开出版地图 1678 种。

产业创新驱动发展模式初步显现。继续实施国家科技重大专项，在超级计算机、百万千瓦级核电装备、大型飞机等方面取得了新的重大突破，完成航空发动机及燃气轮机专项论证工作。组织智能制造装备等专项工程，推动了高技术船舶、汽车发动机关键部件、高精度冷轧板、碳纤维、文物保护装备等重点领域的研发和产业化。开展工业强基专项行动，加快促进四基发展及示范应用，突破了轨道交通等部分基础领域的瓶颈制约。支持 TD–LTE 关键技术后续研发，加强产业链薄弱环节。突出抓好以企业为主体的技术创新体系建设，新认定 72 家国家技术创新示范企业，重点支持 195 个重大科技成果转化项目，启动部级重点实验室认定工作，产学研用对接有序开展。全年发布 2723 项行业标准，混凝土用钢纤维等 25 项国际提案成为国际标准。继续实施知识产权运用能力培育工程。

2015 年，我国深化中央财政科技计划（专项、基金等）管理改革，强化顶层设计，打破条块分割，加强部门功能性分工，建立具有中国特色的目标明确和绩效导向的科技计划（专项、基金等）管理体制，更加聚焦国家目标，更加符合科技创新规律，更加高效配置科技资源，更加强化科技与经济的紧密结合，最大限度激发科研人员创新热情。各政府部门通过统一的科技管理平台，构建决策、咨询、执行、评价、监管等各环节职责清晰、协调衔接的新管理体系。具体内容包括：联席会议制度（一个决策平台），专业机构、战略咨询与综合评审委员会、统一的评估和监管机制（三大运行支柱），国家科技管理信息系统。

2.5　对外贸易

贸易总量继续增长，但增速进一步放缓。2014 年，全年进出口总额 264241 亿元，比上年增长 2.3%，增速比上年下降 3.4 个百分点，低于 GDP 增速 5.1 个百分点；其中，出口 143883 亿元，增长 4.9%；进口 120358 亿元，下降 0.6%。进出口差额 23525 亿元，比上年增加 7431 亿元。

出口总额中，一般贸易出口 143912 亿美元，比上年增长 4.9%；加工贸易出口 73944 亿美元，增长 9.6%。货物进口额中，一般贸易进口 68162 亿美元，增长 -1.0%；加工贸易进口 32211 亿美元，增长 4.5%（图 2-5-1）。

贸易顺差有所提升，外贸对经济增长的贡献有所提升。2014 年，我国贸易顺差规模为 23525 亿元，较 2013 年增加 7431 亿元，增长 46.1%。随着全球市场回暖，贸易顺差占 GDP 的进一步提高，由 2011 年的 2.08%、2012 年的 2.73%、2013 年的 2.74%、2014 年的 2.1% 上升至 2015 年的 3.7%（图 2-5-2）。

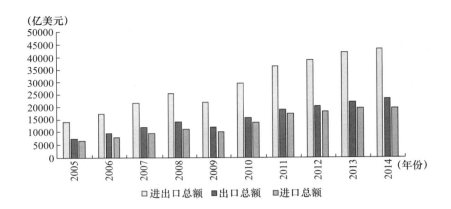

图 2 - 5 - 1　2005 年以来我国进出口总额与增速

资料来源：《2015 年统计公报》和相关年份《中国统计年鉴》。

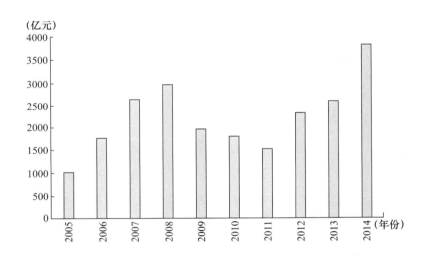

图 2 - 5 - 2　2005 年以来我国贸易顺差规模

资料来源：《2015 年统计公报》和相关年份《中国统计年鉴》。

出口结构进一步高端化，技术密集型产品出口比重有所回升。2014 年，我国机电产品和高新技术产品占出口比重分别为 55.9% 和 28.2%，比上年分别增长 2.6% 和 -1.0%，出口产品的技术复杂度进一步提高，但高新技术产品比重有所下降。同期，纺织品、服装、箱包、鞋类、玩具、家具、塑料制品7大类劳动密集型产品出口2.98万亿元，增长4%，占20.7%。重点出口商品中，钢铁、手持或车载无线电话、集装箱出口增长速度较快，分别比上一年增长31.6%，20.2%和13.0%；煤炭（包括褐煤）、液晶显示板、自动数据处理设备及其部件分别比上一年下降35.5%、12.4%和1.3%。服装及衣着附件，纺织纺线、织物及其制品，鞋类，汽车稳步增长（图2-5-3、图2-5-4）。

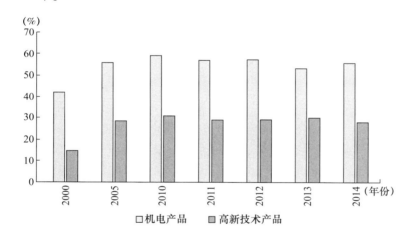

图2-5-3　机电产品与高新技术产品出口比重

资料来源：《2015年统计公报》和相关年份《中国统计年鉴》。

我国对农产品及能源产品的进口依赖程度进一步提高，氧化铝、谷物及谷物粉进口额分别较上年增长37.7%和33.8%。受国际原油价格下降、我国原材料工业增长放缓及产能过剩影响，成品油、食用植物油、煤（包括褐煤）的进口金额分别较上年下降27.7%、27.3%和24.4%。

按出口企业性质分，民营企业、外商投资企业进出口增长，国有企业进出口微降。2014年，民营企业进出口9.13万亿元，增长6.1%，占同期我国进出口总值的比重为34.5%。同期，

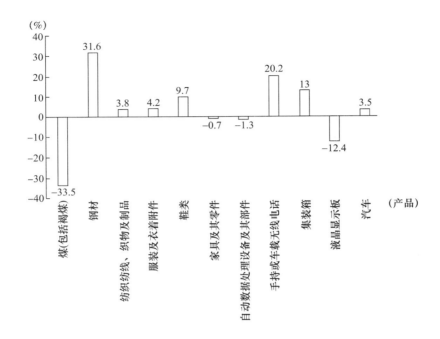

图 2－5－4　2014 年出口重点商品增长率

资料来源：《2015 年统计公报》和相关年份《中国统计年鉴》。

外商投资企业进出口 12.19 万亿元，增长 2.4%，占 46.1%；国有企业进出口 4.59 万亿元，下降 1.3%，占 17.4%。

欧洲国家经济复苏及双边贸易合作快速发展。美国、中国香港、欧盟仍然是我国最为主要的出口目的地，出口额分别为24328 亿元、22307 亿元和 22787 亿元，比上年分别增长 6.4%、－6.6%、8.3%，特别是对欧盟的出口比上年增长 0.85 个百分点。在"一带一路"战略推动下，中国对周边经济体出口额大幅增长。2014 年，对东盟出口额达到 16712 亿元，比上年增长10.3%，对韩国、中国台湾和印度的出口额分别比上年增长8.9%、12.7% 和 10.7%。2014 年，中国对日本出口额比上年减少 1.4%，达到 9187 亿元。日本、韩国是我国最为主要进口原产国，进口金额分别为 10027 亿元和 11677 亿元。受中日两国关系和中韩自贸协定影响，中国对日本商品进口金额下降明显，韩国已经超过日本成为中国最大进口原产国。

2015年中国外贸发展的国际国内环境基本稳定，但是仍然面临巨大压力和挑战。第一，外部需求难有明显回升。世界经济低速增长，国际市场需求增幅有限，不确定不稳定因素增多。与此同时，各国普遍把扩大出口当作促进经济复苏的重要手段，采取各种措施支持出口发展，国际市场竞争日益激烈。第二，中国外贸竞争优势转换难度较大。中国劳动力成本处于快速上涨期，沿海地区出口产业劳动力成本普遍相当于周边国家的2～3倍甚至更高，劳动密集型出口产业竞争力不断萎缩，中低端技术产品出口订单和产能快速向周边国家转移，市场份额面临被蚕食的危险。此外，跨境电子商务等新型贸易方式发展面临诸多障碍，贸易便利化程度还需进一步提高。第三，贸易摩擦形势依然严峻复杂。在国际贸易保护主义回潮背景下，针对中国产品的贸易摩擦有增无减。一些发达国家不断强化贸易执法，放宽立案标准，加严反倾销和反补贴调查规则，往往对中国出口企业裁定以较高反倾销和反补贴税率。新兴经济体经济放缓，一些国家制造业陷入困境，保护本国产业呼声上升，导致对中国的贸易摩擦也趋于增多。

2.6 可持续发展

中国工业单位增加能耗持续下降，工业生产能源利用效率继续提升，废物排放处理率提高，环境保护效果进一步增强，高耗能产业投资增速放缓，结构调整对节能减排作用增强。

2.6.1 工业单位增加值能耗水耗持续下降

2012 年，按当年价格计算，全部工业万元增加值能耗 1.20 吨标准煤，较 2011 年下降 2.82%，下降幅度较前两年有所降低，万元增加值能耗降速连续三年有所提高；工业在国民经济能源消费保持较高比重，工业和制造业占全部能源费总量的 69.79% 和 56.86%，分别较 2011 年下降 1.03 和 0.73 个百分点。同时，2013 年，全部工业万元增加值用水量下降至 68 吨，较 2012 年下降 4 吨。工业单位增加值水耗自 2000 年以来连续 13 年下降，2013 年单位工业增加值水耗不到 2000 年的 1/4。据初步统计，2014 年，万元工业增加值能耗同比进一步下降约 7%，万元增机制用水量进一步下降约 5.8%（图 2－6－1、图 2－6－2）。

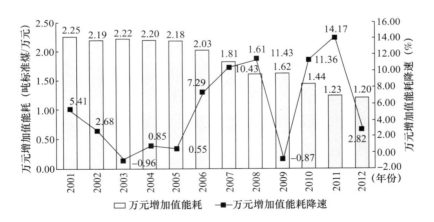

图 2－6－1 2001～2012 年工业万元增加值能耗和降速

2.6.2 工业生产环境保护效果增强

工业废水废气排放减少，综合利用效果增强。2013 年，工业万元增加值废水排放量 9.96 吨，较 2012 年减少 1.14 吨，仅

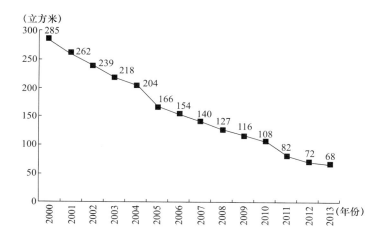

图 2 - 6 - 2 2000 ~ 2013 年工业万元增加值用水量

为 2000 年的 1/5，2010 年的 60%；工业万元增加值氮氧化合物和烟粉尘排放量分别为 7. 34 千克和 6. 07 千克，分别较 2012 年减少 0. 96 千克和 0. 12 千克。工业废水废气出资治理效果显著，单位增加值污染物排放持续减少。同时，2013 年，工业固体废物综合利用率达到 62. 2%，较 2012 年提高 1. 3 个百分点，恢复到金融危机之前水平。2014 年，火电、钢铁、水泥等工业烟气治理取得进展，重点排放行业环境保护力度增强（图2 - 6 - 3、图 2 - 6 - 4、图 2 - 6 - 5）。

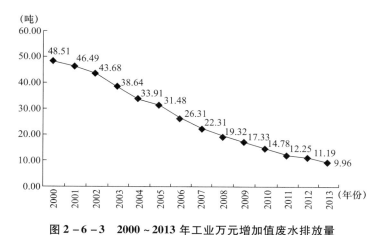

图 2 - 6 - 3 2000 ~ 2013 年工业万元增加值废水排放量

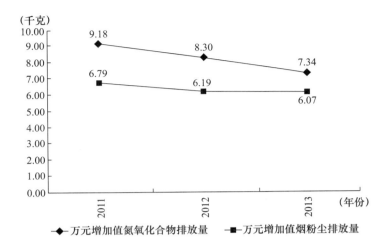

图 2－6－4　2011～2013 年工业万元增加值废气排放量

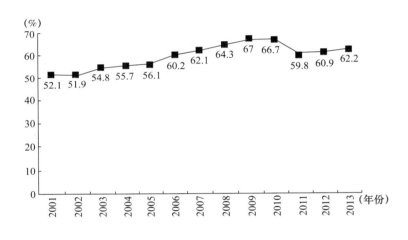

图 2－6－5　2001～2013 年工业固体废物综合利用率

2.6.3　高耗能产业投资增速放缓

在两头控制政策治理下，近年来六大高耗能产业投资增速一直低于整个制造业。2014 年，除了电力、热力的生产与供应业高于制造业，非金属矿物制品业与制造业基本持平以外，其他四个高耗能产业投资增速均低于制造业。其中，黑色金属冶炼和压延加工业、有色金属冶炼及压延加工业增速更是降到近年以来最低点，分别为 – 5.9% 和4.1%。高耗能产业投资增速放缓，对结构调整产生积极作用，2014 年全年单位国内生产总值能耗比上年下降4.8%（图2 – 6 – 6）。

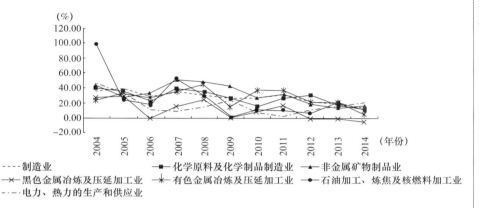

图2 – 6 – 6　2004～2014 年规模以上六大高耗能工业行业固定资产投资增速

2.7　结构

2014 年以来，中国工业占 GDP 比重继续降低，但制造业保持较快增长，高技术和新兴产业发展态势良好，工业结构得到优化，中部、西部地区工业发展速度明显快于东部地区，地区差距进一步缩小。

2.7.1　工业比重继续降低，制造业保持较快增长

"十二五"以来，工业占 GDP 比重不断下降，2014 年工业增加值占 GDP 比重为35.8%，较2013 年下降1.2 个百分点。2014 年以来，规模以上工业企业增加值增速下滑明显，2014 年

全年增速 8.3%，较 2013 年下降 1.4 个百分点，2015 年上半年增速 6.3%，较 2014 年同期下降 2.5 个百分点。但分行业看，规模以上制造业增加值 2014 年维持了 9.4% 增速，2015 年上半年增速也达到 7.1%，相比较，规模以上采矿业，电力、燃气及水的生产和供应业 2014 年增加值增速仅为 4.5% 和 3.2%，2015 年上半年仅为 3.2% 和 2.2%。采矿业和电力、燃气及水的生产和供应业增速下滑主要是因为我国工业化阶段的变化，以及全球大宗商品供求关系变化造成的，而制造业是在"新常态"下工业经济增长的主要来源，继续发挥对国民经济的基础引擎作用（图 2 - 7 - 1）。

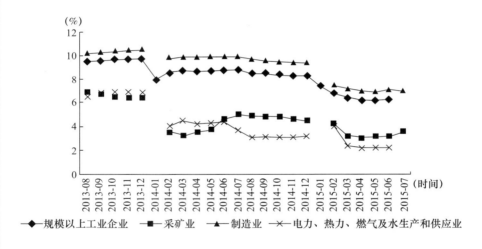

图 2 - 7 - 1　规模以上工业企业当月增加值累计增速

2.7.2　工业结构更加优化，高技术和新兴产业比重提高

2014 年以来，规模以上企业增速较快的产业有文教、工美、体育和娱乐用品制造业，化学原料和化学制品制造业，医药制造业，有色金属冶炼和压延加工业，金属制品业，汽车制造业，铁路、船舶、航空航天和其他运输设备制造业，计算机、通信

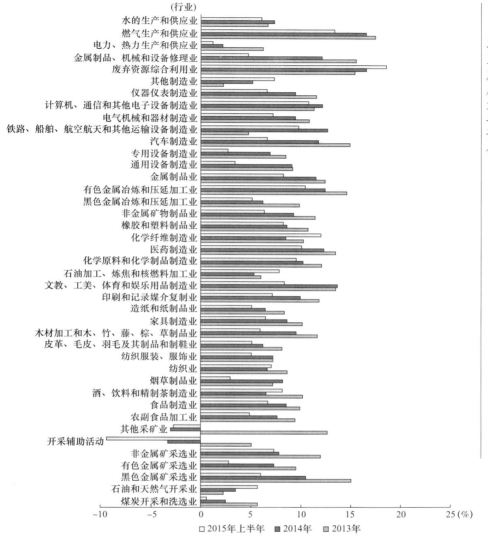

图 2-7-2　分行业规模以上工业企业增加值增速

和其他电子设备制造业，废弃资源综合利用业，金属制品、机械和设备修理业，燃气生产和供应业；增加值增速较慢的产业有煤炭开采和洗选业，石油和天然气开采业，开采辅助活动，其他采矿业，石油加工、炼焦和核燃料加工业，电力、热力生产和供应业。节能环保、高技术和装备制造业和相关行业增速较快，而采掘、石化、发电等产业增速较慢，在工业整体增速下滑情况下，符合发展环境和条件变化，代表技术和市场发展方向的产业保持了 10% 以上增速，工业结构得到优化（图 2－7－2）。

2.7.3 中部、西部地区发展快于东部，地区发展差距进一步缩小

2014 年以来，东部、中部、西部工业增加值增速均有所回落，但中部、西部地区增速明显快于东部地区，西部地区工业增加值增速大体保持在 10% 以上，中部地区增速在 8% 左右，而东部地区已经回落至 7% 左右。从不同区域工业结构看，中部、西部地区产业转型升级步伐加快，特别是机电、装备类产业增长提速，对缩短与东部地区工业发展差距起到积极作用。2014 年以来，东北三省以及内蒙古东部地区经济和工业发展增速下滑明显，以石化、钢铁、能源等为代表的重工业发展减速是东北地区工业增速下降的重要原因（图 2－7－3）。

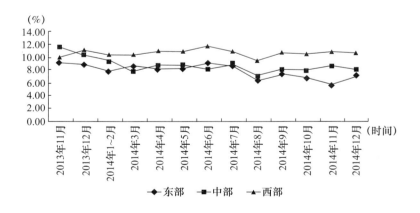

图 2－7－3　东部、中部、西部地区工业增加值增长情况

3 重点行业发展

3.1 原材料工业

2014 年以来，原材料工业呈现缓中趋稳态势，出口增长明显加快，固定资产投资明显放缓，节能减排与淘汰落后产能取得积极进展，结构调整加快推进，经济效益仍处较低水平，原材料工业面临前所未有的下行压力。

行业运行缓中趋稳。2014 年，原材料工业增加值增速 8.3%，较 2013 年下降 2 个百分点；粗钢、乙烯、水泥、十种有色金属产量同比分别增长 0.9%、7.6%、1.8%、7.2%，比上年分别回落 6.6、0.9、7.8、2.7 个百分点。

出口大幅增长，出口产品结构有所改善。2014 年，我国出口钢材 9378 万吨，同比大幅增长 51%；化工行业出口 1621 亿美元，分别增长 11%；有色金属出口额 772 亿美元，同比增长 41%；建材行业出口 361 亿美元，同比增长 5.3%。原材料行业产品出口结构有所改善，电工钢板带、冷轧薄宽钢带等高附加值产品占比增加。

固定资产投资增速放缓。2014 年，化工和有色金属行业固定资产投资完成额分别增长 10.5％和 4.6％，增幅分别回落 4.1 和 15.2 个百分点；钢铁、电解铝、水泥行业固定资产投资呈负增长，同比分别下降 3.8％、17.8％、18.7％。

节能环保取得新进展。原材料工业主要污染物排放和能源消耗指标均有所下降，重点大中型钢铁企业吨钢综合能耗、二氧化硫和烟尘排放同比分别下降 1.2％、16％和 9.1％，乙烯、烧碱、电石综合能耗分别下降 2.2％、3.2％和 5.5％，铝锭综合交流电耗同比下降 144 千瓦时/吨，建材行业除尘、脱硝、脱硫技术加速应用，水泥窑协同处置发展势头良好。

技术进步步伐加快。2014 年，宝钢 600℃超临界火电机组钢管、鞍钢三大系列核电用钢、武钢无取向硅钢、太钢 0.02 毫米精密带钢等在下游关键领域实现应用，建材行业精细陶瓷、闪烁晶体、耐高压复合材料气瓶等产业化技术实现突破。

3.1.1 钢铁工业

3.1.1.1 行业发展特点

粗钢产量增速显著放缓，工业增加值增速回落。2014 年，全国粗钢产量 8.2 亿吨，比上年增长 0.9％，增幅与上年相比下降 6.6 个百分点；钢材（含重复材）产量 11.3 亿吨，同比增长 4.5％，增幅同比下降 6.9 个百分点；增加值比上年增长 6.2％，增速比上年下降 3.7 个百分点，增加值增速下降幅度相对较小。行业产品附加值水平的提升，一定程度缓解了产量增速显著放缓带来的负面影响。2014 年，中国粗钢产量占全球比重为

49.4%，比上一年提高 0.9 个百分点。2015 年上半年，全国粗钢产量 4.1 亿吨，同比下降 1.3%，上年同期为同比增长 3%，粗钢产量近二十年来首次下降。

钢材出口大幅增长，出口结构有所优化。2014 年，中国出口钢材 9378 万吨，同比增长 50.5%；进口钢材 1443 万吨，增长 2.5%，折合净出口粗钢 8153 万吨，占我国粗钢总产量的 10.2%。从出口产品档次上看，电工钢板带、涂镀层板带、热轧合金钢板、冷轧薄宽钢带、冷轧不锈钢薄板、锅炉管高附加值产品比例有所提高。2015 年上半年，钢材出口大幅上升，共出口钢材 5240 万吨，同比增长 27.8%；进口钢材 665 万吨，同比下降 8.2%；累计净出口钢材折合粗钢 4766 万吨，同比增加 1279 万吨。

粗钢表观消费量下降，钢材市场供过于求。2014 年，国内粗钢表观消费 7.4 亿吨，同比下降 4%，消费需求峰值或已到来。随着消费需求的下降，市场供过于求，价格持续下跌。2014 年 12 月末，我国钢材价格综合指数跌至 83.1 点，同比下降 16.2%，为 2003 年 1 月以来最低水平。从全年情况看，2014 年 CSPI 平均指数为 91.32 点，是自 2003 年以来的最低水平，同比下降 11.41 点，降幅为 11.11%。其中三级螺纹钢跌至 2791 元/吨，较年初下降 785 元/吨；热轧卷板跌至 3131 元/吨，较年初下降 528 元/吨。2015 年上半年，粗钢表观消费量同比下降 4.7%。与此同时，钢材价格下跌步伐加快，钢材综合价格指数从 2014 年 12 月底的 83.09 点跌到 2015 年 6 月末的 66.69 点，降幅 19.7%。

节能环保积极推进，主要污染物排放和能源消耗指标均有下降。2014 年，钢铁行业全面推广烧结脱硫、能源管控等节能减排技术，节能环保效果明显。重点大中型企业吨钢综合能耗同比下降 1.2%，总用水量下降 0.6%，吨钢耗新水下降 0.5%，外排废水总量下降 5%，二氧化硫排放下降 16%，烟粉尘排放下降 9.1%。

固定资产投资呈现下降趋势。2014 年，我国钢铁行业固定资产投资 6479 亿元，同比下降 3.8%。其中，黑色金属冶炼及压延加工业投资 4789 亿元，下降 5.9%；黑色金属矿采选业投资 1690 亿元，增长 2.6%。从工序投资增长情况看，炼铁、炼钢和钢压延加工完成投资分别下降 40.4%、10.5% 和 4.8%。产能快速扩张态势得到遏制。2015 年上半年，钢铁行业固定资产投资大幅下降。黑色金属冶炼和压延加工业完成固定资产投资 1910 亿元，同比下降 11.4%。

生产成本大幅降低，钢铁企业盈利状况不容乐观。2014 年，铁矿石、煤炭等大宗原材料价格降幅大于钢材价格，62% 品位的进口铁矿石到岸价由年初 133.1 美元/吨降至年末 68.7 美元/吨，下降 48%；焦炭由 1425 元/吨降至 893 元/吨，下降 37%。废钢由 2445 元/吨降至 1928 元/吨，下降 21%。2014 年，钢铁行业销售利润率、成本费用率分别为 2.20% 和 2.25%，仍处于历史较低水平。重点统计钢铁企业 2014 年实现利税 1091 亿元，增长 12.2%；盈亏相抵后实现利润 304 亿元，增长 40.4%。但行业销售利润率只有 0.9%，仍处于工业行业最低水平。2015 年上半年，钢铁企业主营业务亏损加剧。大中型钢铁企业实现销售收入 1.5 万亿元，同比下降 17.9%；实现利税 390.5 亿元，同比下降 14.1%；实现利润总额 16.4 亿元，而主营业务亏损 216.8 亿元，增亏 167.68 亿元；亏损企业 43 户，占统计会员企业户数的 42.6%，亏损企业产量占会员企业钢产量的 36.8%；亏损企业亏损额 185.5 亿元，同比增长 98.5%。

钢铁企业技术创新步伐加快，兼并重组步伐放缓。2014 年，宝钢BW300TP新型耐磨钢成功用于中集集团搅拌车生产；鞍钢核反应堆安全壳、核岛关键设备及核电配套结构件三大系列核电用钢在世界首座第三代核电项目CAP1400实现应用；武钢无取向硅钢应用于全球单机容量最大的向家坝800兆瓦大型水轮发电机；太钢生产的最薄0.02毫米的精密带钢产品填补了国内高端不锈钢精密带钢产品空白；宝钢牵头的"600℃超超临界火电机组钢管创新研制与应用"获得国家科技进步一等奖。近年来，钢铁行业效益不佳，企业兼并重组意愿下降。2014年，粗钢产量前10家企业产量占全国总产量的36.6%，同比下降2.8个百分点。

3.1.1.2 发展水平评估

（1）发展指数。

2013年，钢铁工业发展定基指数为80.6，比上年大幅下降35.9；钢铁行业发展环比指数为75.1。效率、创新、绿色发展、增长等分项指标的大幅下降，共同促成钢铁行业发展定基指数的快速下降（图3－1－1）。

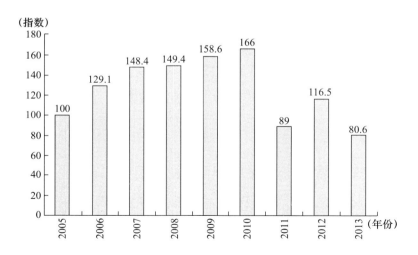

图3－1－1　钢铁工业发展定基指数（基期：2005年）

（2）效率。

2013 年，钢铁工业效率定基指数为 67.4，比上年下降 64.1；行业效率环比指数为 55.2。效率呈现快速恶化的态势。2014 年至 2015 年上半年，效率将进一步恶化（图 3 - 1 - 2）。

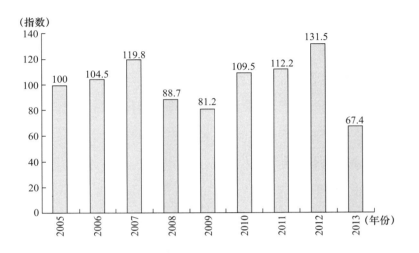

图 3 - 1 - 2　钢铁工业效率定基指数（基期：2005 年）

（3）创新。

2013 年，钢铁工业创新定基指数为 71.7，比上年下降 77.5；创新环比指数为 52.7。R&D 人员占从业人员比重、R&D 经费占产品销售收入比重快速下降是导致创新定基指数下降主要原因。2014 年至 2015 年上半年，钢铁工业投入强度仍将处于较低水平（图 3 - 1 - 3）。

（4）绿色发展。

2013 年，钢铁工业绿色发展定基指数为 50.6，比上年下降 24.5；绿色发展环比指数为 76.3。工业能源效率、废水排放产出强度、废气排放产出强度的下降，是导致钢铁工业绿色发展定基指数下降的主要原因。2014 年至 2015 年上半年，钢铁工业

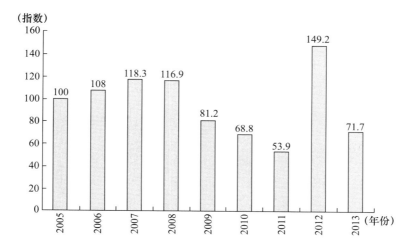

图 3 - 1 - 3　钢铁工业创新定基指数（基期：2005 年）

绿色发展能力将有所提升（图 3 - 1 - 4）。

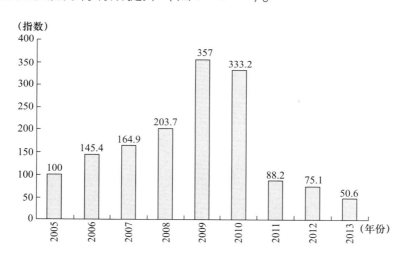

图 3 - 1 - 4　钢铁工业绿色发展定基指数（基期：2005 年）

（5）增长。

2013 年，钢铁工业增长定基指数为 60.3，比上年下降 3.3；增长环比指数为 102.3。钢铁工业增长下行压力较大。2014 年至 2015 年上半年，钢铁工业增速进一步放缓（图 3 - 1 - 5）。

41

3　重点行业发展

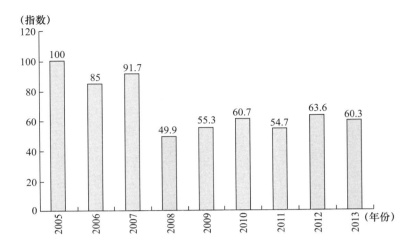

图 3 - 1 - 5　钢铁工业增长定基指数（基期：2005 年）

（6）国际竞争力。

2013 年，钢铁工业国际竞争力定基指数为 163.9，比上年上升 11.8；国际竞争力环比指数为 107.7。钢铁工业国际竞争力有所上升。2014 年至 2015 年上半年，钢铁工业国际竞争力进一步提升（图 3 - 1 - 6）。

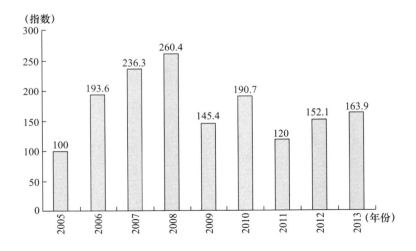

图 3 - 1 - 6　钢铁工业国际贸易定基指数（基期：2005 年）

3.1.1.3 问题与挑战

亟须建立公平竞争的市场环境。部分企业违规排污减少环境投入进行不正当竞争、地方政府对本地企业的违规优惠和补贴政策、部分中小企业采取无票销售逃税违法手段进行不正当竞争。这些不正当竞争行为不仅挤压了守法合规经营企业市场空间，也为落后产能提供了生存空间，不利于行业健康发展。

产能过剩形势依然严峻。2014 年底，我国粗钢产能已经达到 11.6 亿吨，全面新开工项目 2000 多个，产能利用率不足 75%，行业销售利润率仅为 0.9%。2012~2014 年，三年粗钢表观消费量分别为 6.7 亿、7.7 亿与 7.4 亿吨，粗钢需求增长初步出现逆转趋势，中国粗钢需求峰值可能已经到来。未来较长一段时期，中国钢铁工业都将面临严峻的产能过剩形势。

贸易摩擦冲突加剧。2014 年，我国出口钢材占全球钢铁贸易量的 32.2%，创历史最高水平。其中，含硼钢前 11 个月累计出口 3976 万吨，占当期 47.5% 左右，多个国家对我国钢材产品采取贸易保护措施。2014 年，国外发起对我国钢铁企业贸易救济措施调查达到 40 起，且发起调查国家除原有的欧美发达国家，又增加了亚洲、非洲、拉美发展中国家，范围逐步扩大。

财务状况未得到改善，企业融资成本急剧上升。2014 年，重点大中型钢铁企业资产负债率为 68.3%，同比下降 0.8 个百分点，负债率居高不下。受银行系统严控产能过剩行业信贷规模影响，钢铁企业融资成本快速上升。根据中国钢铁工业协会调查与统计，钢铁企业贷款难以得到基准利率，大部分上浮 10% 以上，有些中小企业上浮 20% 以上。2014 年，在银行借款基本不增的情况下，会员钢铁企业财务费用支出共计 938.33 亿元，同比增加 160.13 亿元，增幅为 20.58%。

3.1.2 有色金属

3.1.2.1 行业发展特点

产量产值保持平稳较快增长。2014 年，规模以上有色金属工业增加值增长 11.2%，增速回落 1 个百分点。十种有色金属产量为 4417 万吨，同比增长 7.2%，增速回落 2.7 个百分点。其中，精炼铜、原铝、铅、锌产量分别为 796 万吨、2438 万吨、422 万吨、583 万吨，分别同比增长 13.8%、7.7%、-5.5%、7%，原铝增幅回落 2 个百分点。铜材和铝材产量分别为 1784 万吨和 4846 万吨，分别增长 13.3% 和 18.6%，增幅分别回落 11.7 个和 5.4 个百分点。2015 年上半年，规模以上有色金属工业同比增长 10.5%，十种有色金属产量 2526 万吨，同比增长 9.3%。

投资增幅回落，投资结构优化。有色金属行业完成固定资产投资 6912.5 亿元，同比增长 4.6%，增幅回落 15.2 个百分点；有色金属冶炼完成固定资产投资 1911.7 亿元，下降 7.3%；有色金属压延加工完成固定资产投资 3810.7 亿元，增长 15.1%，增幅比上年同期回落了 25.1 百分点。其中，民间投资 5836.9 亿元，增长 10.8%，所占比重达 84.4%。2014 年，铝冶炼固定资产投资 618.6 亿元，下降 17.8%；铝压延加工项目投资 1965.1 亿元，比上年增长 25.1%。境外投资取得新进展，山东宏桥集团、山东信发集团等企业境外铝资源开发项目开工建设，中信戴卡在美投资建设铝合金车轮厂。

2015 年上半年，有色金属工业完成固定资产投资额 2660 亿元，同比增长 3.8%。其中，有色金属冶炼项目完成固定资产投资 810.22 亿元，同比下降 3.50%；有色金属加工项目完成固定资产投资 1832.68 亿元，同比增长 7.76%。

节能降耗积极推进。随着节能减排技术广泛应用，全国铝锭综合交流电耗降为 13596 千瓦时/吨，同比下降 144 千瓦时/吨，节电 35 亿千瓦时；铜、铅、电解锌冶炼综合能耗分别为 251.8 千克标准煤/吨、430.1 千克标准煤/吨、896.6 千克标准煤/吨，同比分别下降 16.2%、6%、1%。

进口额小幅下降，出口额大幅上升。有色金属进出口总额 1771.6 亿美元，同比增长 12.1%。其中进口额 1000.2 亿美元，同比下降 3.2%；出口额 771.6 亿美元，同比增长 40.9%。受印度尼西亚限制原矿出口政策调整影响，铝土矿、红土镍矿进口同比分别下降 48.7% 和 33%，氧化铝进口同比增幅为 37.7%。同时，贸易摩擦有所上升，国外针对我国出口的铝材、铝合金轮毂等反倾销诉讼时有发生。

2015 年上半年，有色金属进出口贸易总额（不含黄金首饰及零件贸易额）561.0 亿美元，同比下降 10.7%。其中：进口额 414.6 亿美元，同比下降 15.7%；出口额为 146.5 亿美元，同比增长 7.0%。贸易逆差为 268.1 亿美元，同比下降 24.4%。

经济效益仍维持较低水平。2014 年，有色金属冶炼和压延加工业规模以上工业企业销售利润率与成本费用利润率分别为 2.94%、3.03%，比上年分别下降 0.17 和 0.18 个百分点。有色金属行业实现利润 2053 亿元，同比下降 1.5%。常用有色金属采选、冶炼分别实现利润 266 亿元和 217 亿元，同比分别下降 12.4% 和 13.7%，铝冶炼亏损 79.7 亿元，但有色金属压延加工实现利润 894 亿元，同比增加 11.6%。2015 年上半年，有色金属冶炼和压延加工业规模以上工业企业销售利润率与成本费用利润率分别为 2.36%、2.42%，分别较上年同期上升 0.29 和 0.25 个百分点。

3 重点行业发展

45

3.1.2.2 发展水平评估

（1）发展指数。

2013 年，有色金属工业发展定基指数为 126.3，比上年下降 7.9；有色金属工业发展环比指数为 116.7。绿色发展分项指标的快速下降，拉低了有色金属工业发展水平（图 3-1-7）。

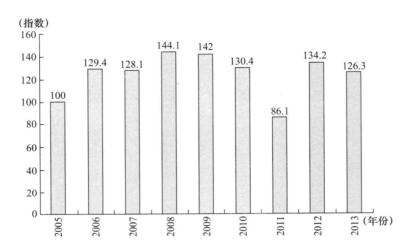

（指数）

图 3-1-7 有色金属工业发展定基指数（基期：2005 年）

（2）效率。

2013 年，有色金属工业效率定基指数为 85.4，比上年上升 4.8；效率环比指数为 125.8。有色金属工业效率呈上升趋势。2014 年至 2015 年上半年，有色工业效率仍将有所上升（图 3-1-8）。

（3）创新。

2013 年，有色金属工业创新定基指数为 87.7，比上年上升了 42.2；创新环比指数为 174.1。R&D 人员占从业人员比重、R&D 经费占产品销售收入比重快速上升是导致创新定基指数上升主要原因。2014 年至 2015 年上半年，有色金属工业创新投入强度小幅上升（图 3-1-9）。

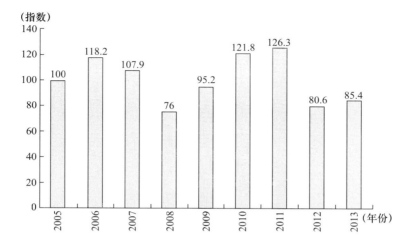

图 3 - 1 - 8　有色金属工业效率定基指数（基期：2005 年）

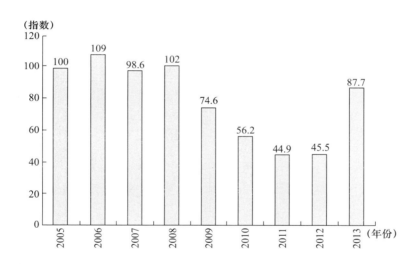

图 3 - 1 - 9　有色金属工业创新定基指数（基期：2005 年）

（4）绿色发展。

2013 年，有色金属工业绿色发展定基指数为 93.9，比上年下降 80.4；绿色发展环比指数为 78.5。工业能源效率、废水排放产出强度、废气排放产出强度的下降，是导致有色金属工业绿色发展定基指数下降的主要原因。2014年至2015年上半年，有色金属工业绿色发展能力有所提高（图3－1－10）。

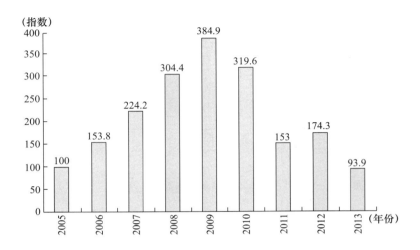

图3－1－10　有色金属工业绿色发展定基指数（基期：2005年）

（5）增长。

2013年，有色金属工业增长定基指数为87.4，比上年下降21.2；增长环比指数为106.7。有色金属工业增速回升。2014年至2015年上半年，有色金属工业增速明显放缓（图3－1－11）。

（6）国际竞争力。

2013年，有色金属工业国际竞争力定基指数为296.9，比上年上升0.3；国际竞争力环比指数为100.1。有色工业国际竞争力与上年基本持平。2014年至2015年上半年，有色金属国际竞争力进一步提升（图3－1－12）。

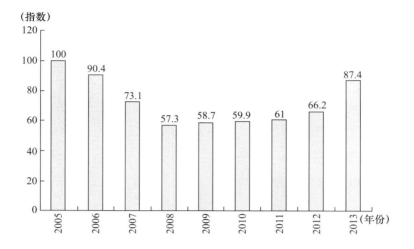

图 3 - 1 - 11　有色金属工业增长定基指数（基期：2005 年）

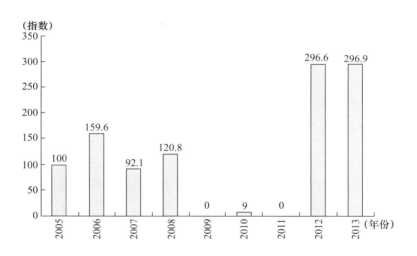

图 3 - 1 - 12　有色金属工业国际竞争力定基指数（基期：2005 年）

3.1.2.3　问题与挑战

行业产能过剩压力较大。2014 年底，电解铝产能已达 3500 万吨，产能利用率与上年持平为 69%，全行业亏损进一步加剧，全年亏损 79.7 亿元。现 3500 万吨电解铝产能中应淘汰的落后产能已不多，缺乏竞争力企业关停过程中涉及地方税收、人员安置、债务化解、上下游产业等一系列问题，产能退出渠道不畅，电解铝产能过剩压力仍较大。同时，其他品种冶炼产能及中低档加工产能过剩也比较严重。中国经济已进入新常态，固定资产投资增速、经济增长将进一步放缓，有色金属的市场需求增长也将持续放缓，有色金属行业未来很长一段时间都将面临较为严峻的产能过剩形势。

企业成本压力不断增加，企业经营困难。由于电力体制原因，煤炭价格下跌带来的发电成本下降难以传导到用户，采用网电的国有电解铝、海绵钛等企业亏损严重。银行对企业信贷普遍收紧，企业转而向影子银行获得高息贷款。2014 年，规模以上有色金属工业企业财务费用增长高达 20%。应收账款持续偏高，截至 2014 年 11 月末，规模以上有色金属工业企业应收账款 2969.7 亿元，同比增长 12.9%。国有企业经营尤为困难。2014 年有色金属国有及国有控股企业利润占全行业的 6.5%，亏损额占全行业的 67%，国有骨干企业亏损额占铝行业净亏损额的 90% 以上。

创新能力仍待加强。2013 年，我国进口集成电路芯片 2300 亿美元，是进口额最大的商品，集成电路材料中 70% 是有色金属。总体来看，我国有色金属精深加工产品总体处于国际产业链中低端，产品精度、一致性、稳定性较差，部分电子、海洋工程、航空用高端有色金属产品仍依赖进口。

亟须塑造公平竞争的市场环境。电价政策的区域不平衡（例如河南地区自备电厂并网费每度电 8 分钱，而山东每度电不交或者仅交 1–3 分钱的并网费）导致较为严重的不公平竞争。部分中东部地区具有较高技术水平和管理水平的电解铝企业由于这种不公平的竞争政策反而陷于成本劣势，这些企业不甘心死于这种不公平的电价政策，不愿意退出市场，试图寻求同等优惠的电价政策，使得整个行业长期陷入全行业亏损困局。

3.1.3　石油与化学

3.1.3.1　行业发展特点

增加值与主要产品产量增速均有所放缓。2014 年，石油加工、炼焦与核燃料加工业增加值比上年增长 5.4%，增速比上年下降 0.7 个百分点；化学工业增加值比上年增长 10.3%，增速比去年下降 1.9 个百分点。原油加工量 5.03 亿吨，比上年增长 5.3%，增速比上年上升 2 个百分点；乙烯产量 1704.4 万吨，增长 7.6%，增速下降 0.9 个百分点；化学农药（折纯）、农用氮磷钾化学肥料产量（折纯）分别达到 374.4 万吨和 6933.5 万吨，同比分别增长 1.4%、-0.7%，增速分别下降 0.2 和 5.6 个百分点。

2015 年上半年，石油加工、炼焦与核燃料加工业增加值同比增长 7.8%，增速比上年同期上升 4.1 个百分点；化学工业增加值比上年增长 9.6%，增速比去年同期下降 1.3 个百分点。全国原油加工量 2.58 亿吨，增长 4.8%；化肥总产量（折纯）3706 万吨，增长 6.5%；烧碱产量 1520.3 万吨，下降 1.9%；乙烯产量 845 万吨，增长 2.3%；轮胎产量 4.55 亿条，下降 3.9%；合成材料总产量 5974 万吨，增长 9.0%。

油气进口量继续攀升，化工产品出口保持良好势头。2014 年，原油进口量 3.08 亿吨（进口金额 2281.4 亿美元），比上年增长 9.3%；天然气进口 598.1 亿立方米，比上年增长 12.6%。化学工业进口 1864.8 亿美元，同比增长 0.6%；出口 1621 亿美元，增长 11.1%。其中，有机化工原料和合成材料分别进口

51

553 亿美元和 723.6 亿美元，合计占化工进口的 68.5%；橡胶制品出口 523 亿美元，增长 9.2%，占化工出口的 32.2%。化肥实物出口 2959.4 万吨，增长 52.4%；农药出口 116.1 万吨，增长 6%。

2015 年上半年，国内进口原油 1.63 亿吨，同比增长 7.5%；进口天然气 304.2 亿立方米，同比增长 5.8%。橡胶制品出口金额 231.3 亿美元，同比下降 3.9%，化肥出口 1663.7 万吨（实物量），同比增长 64.5%；出口金额 50.2 亿美元，增长 69.5%。

结构调整积极推进。专用化学品、涂（颜）料等精细化学品高附加值产品对于行业经济增长贡献显著提升。2014 年，专用化学品对化学工业收入增长贡献率最高，达 36.3%，同比大幅提高 13.2 个百分点；涂（颜）料制造贡献率为 8.5%，同比上升 2.8 个百分点。从利润看，涂（颜）料制造和专用化学品增幅分别达到 14.6% 和 11.7%，显著高于行业平均水平，利润增量也主要来自专用化学品和涂（颜）料制造业。

行业效益大幅下滑。2014 年，石油加工、炼焦及核燃料加工业利润总额 97.3 亿元，比上年下降 371.5 亿元，比上年下降 79.8%，销售利润率为 0.2%，较上年下降 1 个百分点。其中，炼油行业利润 118.7 亿元，下降 69.6%，利润率 0.34%；合成树脂利润 266.2 亿元，下降 16.5%，利润率 3.1%。2014 年，化学工业利润总额 4146.8 亿元，比上年增加 71.1 亿元，增幅仅为 0.8%，销售利润率为 5.0%，比上年下降 0.4 个百分点。

2015 年上半年，石油与化学工业效益好转。石油加工、炼焦及核燃料加工业利润总额 253.1 亿元，比上年下降 111.4 亿元，销售利润率为 1.5%，较上年上升 0.9 个百分点。化学工业利润总额 2001.7 亿元，比上年增加 230 亿元，销售利润率为

5.3%，比上年上升 0.5 个百分点。

固定资产投资增速明显减缓。根据石化联合会统计，2014年，石油和化工行业固定资产投资比上年增长 10.7%，低于同期全国工业投资增幅 2.2 个百分点，创历史新低。其中，化学工业投资比上年增长 10.5%，比上年回落 4.1 个百分点；石油加工业投资增幅 15.7%，同比回落 12 个百分点；石油天然气开采业投资增速只有 5.7%，同比大幅回落近 28 个百分点。

2015 年上半年，石油和化工行业固定资产投资增速持续回落。炼油业投资出现自 2010 年以来的首次下降，下降为 6.6%；化学工业投资虽保持 5.6% 的增长，但也是历史同期最低水平。

化学工业投资结构有所优化。2014 年，基础化学原料制造投资增幅为 11.5%，同比回落 7.2 个百分点；合成材料增幅更低，只有 8.6%，回落 9.6 个百分点。专用化学品投资较上年有所加快，增幅为 9.8%。

节能降耗取得进展。2014 年，石油和化工行业总能耗约5.28 亿吨标准煤，同比增长 5.2%，增速比上年减缓 1 个百分点。全行业万元收入耗标准煤约 375 千克，同比下降 0.1%。其中化学工业万元收入耗标准煤约 412 千克，同比下降 2.7%。从重点产品单位能耗看，2014 年前三季度，我国原油加工量综合能耗 67.0 千克标准煤/吨，同比增长 3.7%；乙烯综合能耗816.6 千克标准煤/吨，下降 2.2%；烧碱综合能耗 373.0 千克标准煤/吨，降幅 3.2%；纯碱综合能耗 316.7 千克标准煤/吨，下降 0.2%；电石综合能耗 991.6 千克标准煤/吨，下降 4.4%；黄磷综合能耗 3047.9 千克标准煤/吨，下降 5.5%；合成氨综合能耗 1348.7 千克标准煤/吨，同比持平。

2015 年第一季度，我国吨油气产量综合能耗同比下降0.6%，吨原油加工量综合能耗同比下降 1.7%，吨乙烯产量综合能耗同比下降 1.3%。2015 年上半年，油气产量增长 2.2%，原油加工量增长 4.8%，主要化学品总量增长 5.0%，但全行业总能耗增长只有 1.0%，同比大幅回落 6.2 个百分点。其中，化工行业总能耗增长 1.3%，回落 6.8 个百分点。

3.1.3.2 发展水平评估

（1）发展指数。

2013 年，石油工业发展定基指数为 124.8，比上年大幅下降 30.6；石油工业发展环比指数为 97.6。绿色发展、增长指标的大幅下降，是石油工业发展定基指数的快速下降的主要原因（图 3 - 1 - 13）。

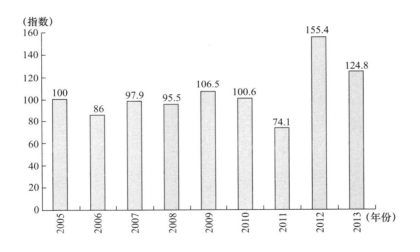

图 3 - 1 - 13 石油工业发展定基指数（基期：2005 年）

2013 年，化学工业发展定基指数为 124.6，比上年大幅下降了 60.4；化学工业发展环比指数为 89.3。效率、创新、绿色发展与增长各分项指标下降，共同促成化学工业发展定基指数的下降（图 3 - 1 - 14）。

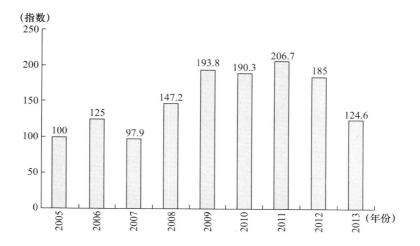

图 3 - 1 - 14 化学工业发展定基指数（基期：2005 年）

（2）效率。

2013 年，石油工业效率定基指数为 104.3，比上年上升
3.5；行业效率环比指数为 103.5。效率有所提升。2014 年至
2015 年上半年，石油工业效率略有改善（图 3 - 1 - 15）。

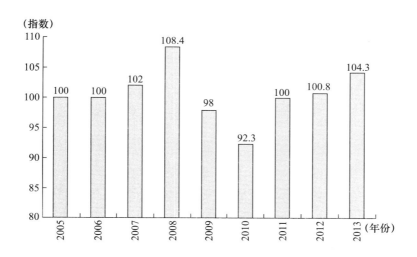

图 3 - 1 - 15 石油工业效率定基指数（基期：2005 年）

2013 年，化学工业效率定基指数为 64.3，比上年下降 21.2；行业效率环比指数为 84.2。效率呈现恶化趋势。2014 年至 2015 年上半年，化学工业效率将有所恶化（图 3 - 1 - 16）。

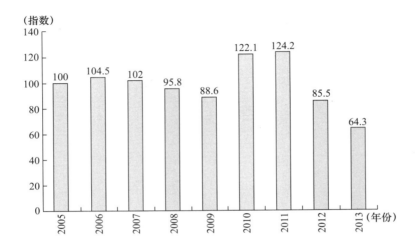

图 3 - 1 - 16　化学工业效率定基指数（基期：2005 年）

（3）创新。

2013 年，石油工业创新定基指数为 80.4，比上年下降 7.7；创新环比指数为 91.4。R&D 人员占从业人员比重、R&D 经费占产品销售收入比重快速下降是导致创新定基指数下降的重要原因。2014 年至 2015 年上半年，石油工业创新投入将有所下降（图 3 - 1 - 17）。

2013 年，化学工业创新定基指数为 100.1，比上年下降 10.5；创新环比指数为 109.4。R&D 人员占从业人员比重、R&D 经费占产品销售收入比重下降是导致创新定基指数下降的主要原因。2014 年至 2015 年上半年，化学工业创新投入强度有所降低（图 3 - 1 - 18）。

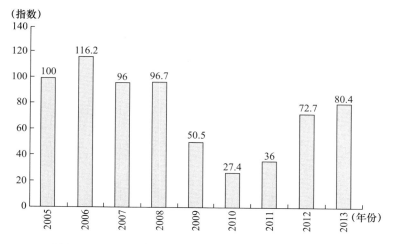

图 3 - 1 - 17　石油工业创新定基指数（基期：2005 年）

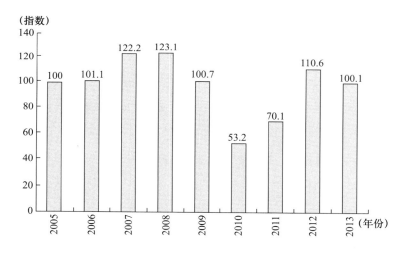

图 3 - 1 - 18　化学工业创新定基指数（基期：2005 年）

（4）绿色发展。

2013 年，石油工业绿色发展定基指数为 224.9，比上年下降 80.1；绿色发展环比指数为 95.5。工业能源效率、废水排放产出强度、废气排放产出强度的下降，是导致石油工业绿色发展定基指数下降的主要原因。2014 年至 2015 年上半年，石油工业绿色发展能力有所提升（图 3 - 1 - 19）。

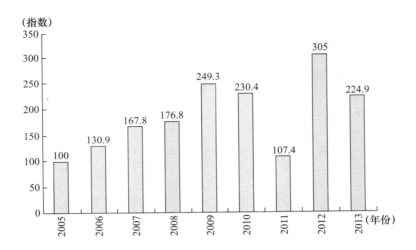

图 3 − 1 − 19　石油工业绿色发展定基指数（基期：2005 年）

　　2013 年，化学工业绿色发展定基指数为 177，比上年下降 227.9；绿色发展环比指数为 57.8。工业能源效率、废水排放产出强度、废气排放产出强度的下降，是导致化学工业绿色发展定基指数下降的主要原因。2014 年至 2015 年上半年，化学工业绿色增长能力有所改善（图 3 − 1 − 20）。

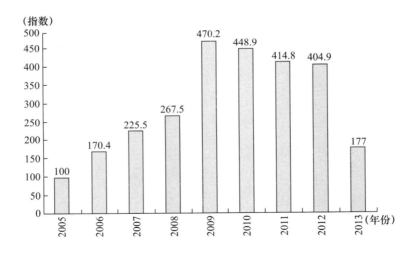

图 3 − 1 − 20　化学工业绿色发展定基指数（基期：2005 年）

（5）增长。

2013 年，石油工业增长定基指数为 65.2，比上年下降41.7；增长环比指数为 98.6。石油工业增速明显下降。2014 年至 2015 年上半年，石油工业增速继续下降（图 3 – 1 –21）。

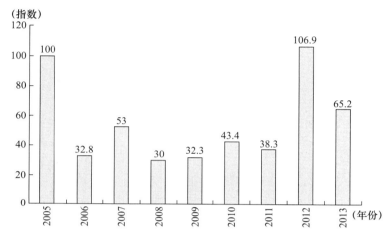

图 3 – 1 – 21 石油工业增长定基指数（基期：2005 年）

2013 年，化学工业增长定基指数为 68.9，比上年下降 1；增长环比指数为 102.1。化学工业增长下行压力有所加大。2014 年至 2015 年上半年，化学工业增速进一步放缓（图 3 – 1 – 22）。

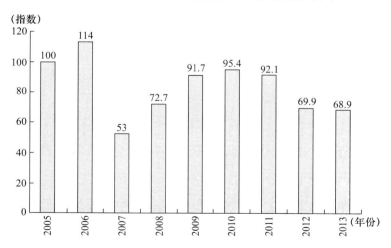

图 3 – 1 – 22 化学工业增长定基指数（基期：2005 年）

（6）国际竞争力。

2013 年，石油工业国际竞争力定基指数为 160.3，比上年上升了 0.1；国际竞争力环比指数为 100.1。石油工业国际竞争力有所上升。2014 年至 2015 年上半年，石油工业国际竞争力有所下降（图 3 – 1 – 23）。

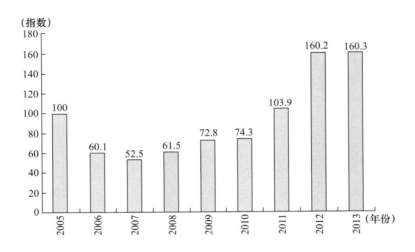

图 3 – 1 – 23　石油工业国际竞争力定基指数（基期：2005 年）

2013 年，化学工业国际竞争力定基指数为 318.5，比上年上升 27.7；国际竞争力环比指数为 109.5。化学工业国际竞争力有所上升。2014 年至 2015 年上半年，化学工业国际竞争力进一步上升（图 3 – 1 – 24）。

3.1.3.3　问题与挑战

产能过剩压力进一步加大。2014 年，我国炼油一次加工能力产能利用率为 67.5%，其中部分地方炼油企业受原料供应和装置匹配能力限制平均产能利用率只有 33%。合成材料方面则呈现结构性过剩特征，中低端产品供大于求，市场竞争异常激烈；另外，较高端市场又供给不足，大量进口。2014 年，我国共进口合成材料 4548 万吨，净进口 3713 万吨。

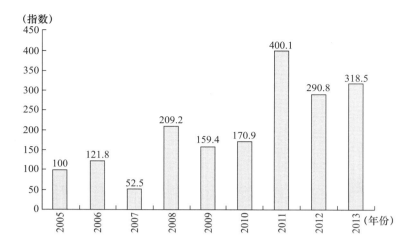

图 3 – 1 – 24　化学工业国际竞争力定基指数（基期：2005 年）

高附加值产品研发与生产能力不足。聚乙烯专用料、聚乙烯醋酸乙烯酯（EVA）、乙丙橡胶、高档合成树脂等高端产品供应不足，仍需大量进口。2104 年，我国进口聚乙烯 911 万吨，增长 3.3%。进口合成树脂超过 3200 万吨，增长 2.9%。其中，进口对二甲苯达到 997.3 万吨，增长 10.2%；进口芳烃混合物 502.3 万吨，增长 25.3%。

产业对外依存度高。目前，我国石化行业从原料到产品对外依存度都较高，行业发展容易受国际市场波动影响。2014 年原油进口依存度达到 59%；硫磺进口依存度超过 48%；钾肥进口依存度约 42%；天然橡胶进口依存度超过 80%，对二甲苯、乙烯当量对外依存度分别为 52.9% 和 51%。

环境保护与安全生产形势严峻。近年来，重大安全、环保事故时有发生，国民"谈化色变"心理普遍存在，行业形象亟待改善。随着生活水平的提高，环境承载能力已经达到或接近上限，对环保、安全要求不断提高，石化行业安全、环保压力不断增大。

3.1.4 建筑材料

3.1.4.1 行业发展特点

产量产值保持适度增长。2014 年，建筑材料工业增加值比上年增长 9.3%，增速较上年回落 2.2 个百分点。生产水泥 24.8 亿吨，比上年增长 1.8%，增速下降 7.8 个百分点；平板玻璃产量为 7.9 亿重量箱，比上年增长 1.1%，增速同比下降了 10.1 个百分点。低耗能低排放加工产品产量则保持较快增速，商品混凝土 15.5 亿立方米，同比增长 11.4%，钢化玻璃 4.2 亿平方米，同比增长 15.1%。

2015 年上半年，产量增速显著放缓。建筑材料工业增加值同比增长 6.4%，增速同比下降 3.5 个百分点。水泥产量 107714 万吨，同比下降 5.3%，上年同期增长为 3.6%；商品混凝土产量 73140 万立方米，增长 4%，增速同比回落 10.2 个百分点；平板玻璃产量 39778 万重量箱，下降 4.2%，上年同期为增长 4.7%。

经济效益有所下滑。2014 年，规模以上建材工业实现利润总额 3356 亿元，比上年增长 4.9%，利润增幅比上年减少 15.1 个百分点；销售利润率 7.0%，比 2013 年下降 0.3 个百分点，盈利水平有所下降。其中，水泥制造业实现利润 780 亿元，比上年增长 1.4%，占建材行业实现利润总额的 23.3%，平板玻璃制造业实现利润 11.9 亿元，同比下降 61.9%。

2015 年上半年，经济效益显著下降。1～6 月份，全国规模以上建材工业预计利润总额 1280 亿元，同比下降 9%。1－5 月份，水泥行业利润仅 93 亿元，同比下降 64%，销售利润率仅为 2.8%；规模以上企业亏损面 39.7%，同比增加 10.2 个百分点，亏损企业亏损金额 104 亿元，同比增长 72.7%。平板玻璃行业利润 5.8 亿元，同比下降 64.8%，亏损面 34.5%。

出口增速回落，出口结构调整。2014 年，建材商品出口额比上年增长 11%，增速回落 10 个百分点。从出口产品结构看，建筑卫生陶瓷、建筑和技术玻璃出口增长较快，出口额同比增长超过 12%，是拉动建材商品出口增长的主要因素；建筑用石和玻璃纤维及制品出口额同比保持 8% 左右增长；水泥及水泥熟料出口额同比略有下降。

固定资产投资平稳增长，结构投资优化。2014 年，建材工业完成限额以上固定资产 1.36 万亿元，比 2013 年增长 14%，增速比上年略升 0.1 个百分点。混凝土与水泥制品业、建筑用石开采与加工业、砖瓦及建筑砌块制造业、轻质建材制造业占据建材投资前四位，分别占建材投资总额的 16.4%、13.5%、0.2% 和 7.6%。2014 年，水泥制造业投资年投资完成额的 1081 亿元，占建材工业投资总额比重由 2009 年的 23.8% 下降到 2014 年的 7.4%。平板玻璃制造业和卫生陶瓷制造业固定资产投资下降，建材工业产业结构将继续向低能耗、低排放方向优化。

2015 年上半年，建材工业完成固定资产投资 6850 亿元，同比增长 10.5%，增速比上年同期下降 3.8 个百分点。建筑用石开采与加工业、轻质建筑材料制造业、技术玻璃制造业等低能耗及加工制品业投资保持较快增长，水泥制造业、平板玻璃制造业投资同比分别下降 10.7%、16.7%，投资结构进一步优化。

市场集中度提高。2014 年，大型建材企业集团通过并购重组，市场集中度进一步提高，前 10 家水泥集团熟料产能 9.16 亿吨，产业集中度 52%。其中，中国建材集团水泥熟料总产能达 3 亿吨，占全行业 17%。安徽海螺集团兼并重组效益显著提高，全年利润总额同比增长 15% 左右。

技术进步加快推进。2014年以来，除尘、脱硝、脱硫等适用技术加快推广应用，水泥窑协同处置城市垃圾和产业废弃物加速发展，精细陶瓷、闪烁晶体、耐高压复合材料气瓶等产业化技术日趋成熟，企业资源计划（ERP）、制造执行系统（MES）陆续在骨干企业应用，电子商务快速发展，信息化技术业内渗透加快，两化融合进一步加深。

3.1.4.2　发展水平评估

（1）发展指数。

2013年，建材工业发展定基指数为78.9，比上年大幅下降66.2；建材工业发展环比指数为77.2。效率、创新、绿色发展、增长、国际竞争力各分项指标的下降，尤其是绿色发展指标的大幅下降，导致建材工业发展定基指数快速下降（图3－1－25）。

图3－1－25　建材工业发展定基指数（基期：2005年）

（2）效率。

2013年，建材工业效率定基指数为61.6，比上年下降31.5；行业效率环比指数为84.9。效率有所下降。2014年至2015年上半年，建材工业效率有所下降（图3－1－26）。

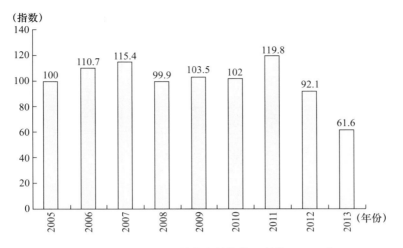

图 3 - 1 - 26　建材工业效率定基指数（基期：2005 年）

（3）创新。

2013 年，建材工业创新定基指数为 86.7，比上年下降 3.8；创新环比指数为 98.8。R&D 人员占从业人员比重、R&D 经费占产品销售收入比重下降是导致创新定基指数下降的主要原因。2014 年至 2015 年上半年，建材工业创新要素投入强度有所下降（图 3 - 1 - 27）。

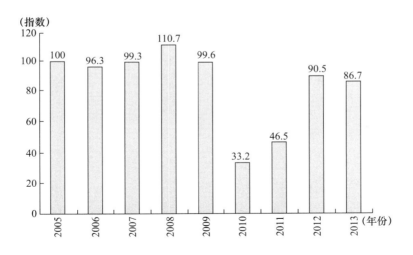

图 3 - 1 - 27　建材工业创新定基指数（基期：2005 年）

（4）绿色发展。

2013 年，建材工业绿色发展定基指数为 72.9，比上年下降
186.1；绿色发展环比指数为 40.7。工业能源效率、废水排放产
出强度、废气排放产出强度的下降，是导致建材工业绿色发展
定基指数下降的主要原因。2014 年至 2015 年上半年，建材工业
绿色发展能力有所提升（图 3 - 1 - 28）。

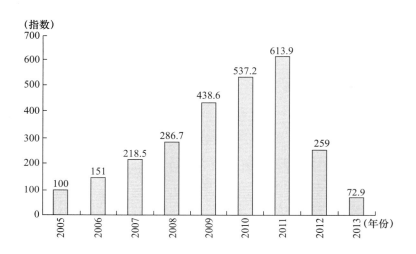

图 3 - 1 - 28　建材工业绿色发展定基指数（基期：2005 年）

（5）增长。

2013 年，建材工业增长定基指数为 59.1，比上年下降 6.6；
增长环比指数为 101.6。建材工业增速下行压力较大。2014 年
至 2015 年上半年，建材工业增速进一步放缓（图 3 - 1 - 29）。

（6）国际竞争力。

2013 年，建材工业国际竞争力定基指数为 112.6，比上年
下降 1.3；国际竞争力环比指数为 98.9。建材工业国际竞争力
略有下降。2014 年至 2015 年上半年，建材工业国际竞争力有所
上升（图 3 - 1 - 30）。

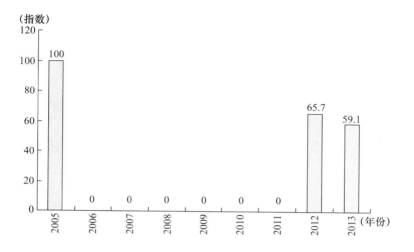

图 3 − 1 − 29　建材工业增长定基指数（基期：2005 年）

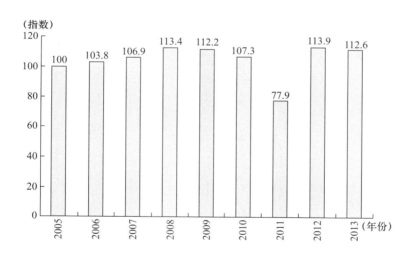

图 3 − 1 − 30　建材工业国际竞争力定基指数（基期：2005 年）

3.1.4.3　问题与挑战

产能过剩矛盾依然突出。2014 年，水泥熟料产能利用率 72% 左右，建成投产水泥熟料生产线仍有 54 条，总产能 7000 多万吨，随着 2015 年在建项目建成投产，产能过剩将进一步凸显。2014 年，浮法玻璃产能利用率不足 75%，截至 2014 年，在建生产线 25 条，产能 1.18 亿重箱，随着消费需求增速减缓与新建产能逐渐投产，产能过剩问题将日趋严峻。

竞争秩序亟待规范。许多企业为符合环境保护相关法律法规减少大气污染物排放，通过技术改造采用清洁能源并配套上马脱硝、除尘等环保设施，加大生产成本。但是，一些企业未按规定完善相应环保设施，违规排放大气污染物且未得到查处，以此获得低价竞争优势，导致不公平竞争。此外，部分企业无证生产、假冒伪劣产品流入市场，严重干扰市场秩序。

财务状况恶化。2014 年末，建材工业应收账款达 4991 亿元，比 2013 年末增长 12.7%，占主营业务收入 10.1%；规模以上建材工业产成品库存 1410 亿元，比 2013 年末增加 14.4%；规模以上建材工业财务费用达到 644 亿元，比 2013 年增长 10.9%，其中利息支出 539 亿元，比 2013 年增长 10.9%。应收账款、库存与财务费用增长速度都高于收入增长速度，财务状况有所恶化，对建材企业尤其是中小企业转型升级带来困难。

3.2 机械装备工业

3.2.1 行业发展特点

受国内外宏观经济环境影响，2014 年，我国机械装备工业增速有所下滑。机械装备工业发展机遇与挑战并存，既有深化改革和产业政策调整释放制度红利、新一轮技术革命带动产业转型升级等有利因素作用，也有投资需求回升乏力、国际市场不稳定因素增加等不利因素影响。未来，在生产制造智能化、数字化、网络化背景下，机械装备工业产品结构、组织结构和技术结构调整步伐将进一步加快。

3.2.1.1 机械装备工业总体

增速持续放缓，政策效应显著。2014 年，机械装备工业规模以上工业增加值同比增长 10%，较 2013 年回落 0.9 个百分点，但高于全国工业 1.7 个百分点。2015 年上半年，机械装备工业增加值同比增长 5.7%，低于同期全国工业增速 0.6 个百分点，低于去年同期机械装备工业增速 5.5 个百分点。国家出台一系列稳增长政策措施后，行业企稳回升态势开始出现。2015 年 6 月，机械装备工业增加值增速出现明显回升，6 月比 5 月份回升 2.2 个百分点，汽车制造业回升较快，回升 3.5 个百分点，其中，低速载货汽车制造业、电动车制造业分别回升 25.2 和 8.1 个百分点。电机制造业回升 4.6 个百分点，纺织、服装和皮革加工专用设备制造业回升 10.4 个百分点，专用仪器仪表制造业回升 6.6 个百分点。

主营业务收入和效益指标增速持续回落。2014 年，机械装备工业累计实现主营业务收入 22.2 万亿元，较上年增长 9.4%，高于同期全国工业增速 2.5 个百分点。2015 年 1～6 月，机械装备工业主要效益指标延续 2014 年以来回落趋势。全行业实现主营业务收入 10.7 万亿元，同比增长 3.5%，较上年同期增速回落 8.05 个百分点，增速创 2008 年以来同期新低。全行业实现利润总额 7145 亿元，同比增长 0.1%，增速较上年同期回落 19.5 个百分点，为近五年来同期新低。但与全国工业相比，机械装备工业主营业务收入及利润增速仍高于同期全国工业 2.1、0.8 个百分点。

固定资产投资增速持续回落。2014 年，机械装备工业累计完成固定资产投资 4.5 万亿元，同比增长 12.7%。虽然上半年投资增速温和回升，但下半年开始再次进入下行通道。2015 年

1～6月，机械装备工业累计完成固定资产投资 21777 亿元，同比增长 9.6%，增速分别低于同期全社会（11.4%）和制造业（9.7%）固定资产投资增速 1.8 和 0.1 个百分点，与上年同期机械装备工业增速（15.7%）相比，回落 6.1 个百分点，增速连续四年回落，并回落到个位数增长（图 3-2-1）。

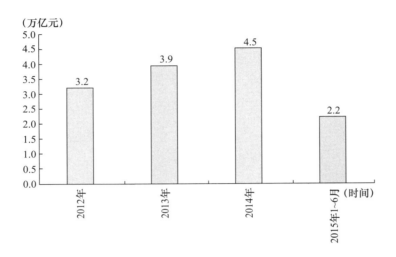

图 3-2-1   2012～2015 年 1～6 月机械装备工业固定资产投资

资料来源：工业与信息化部装备司。

超半数产品产量同比下降。2014 年，在 64 种主要产品中，累计同比增长的有 46 种，占全部上报产品的 71.9%；以两位数增长的有 15 种，占全部上报产品的 23.4%；有 18 种产品产量比去年减少，占上报产品的 28.1%。2015 年 1～6 月，在重点监测的 119 种主要产品产量中，同比增长的产品有 45 种，占比 37.8%；同比下降的有 74 种，占比 62.2%，同比下降产品品种继续增加。产量下降产品比重首次过半，行业增速下行压力较大。

外贸进口持续下降，出口增速逐月回落。2014年，机械装备工业外贸进出口总值43030.4亿美元，同比增长3.4%。其中，进口19602.9亿美元，同比增长0.4%，累计贸易顺差3824.6亿美元；出口23427.5亿美元，同比增长6.1%。2015年1~6月，机械装备工业外贸进出口总额3327亿美元，同比下降4.3%。其中，进口1382亿美元，同比下降11.4%，降幅持续三个月逐月加大；出口1945亿美元，同比增长1.5%，增速逐月回落。

3.2.1.2　发展水平评估

（1）行业综合指数。

2013年，机械装备工业行业综合发展水平呈下降趋势。效率、绿色发展、增长等分项指标大幅下降，共同导致机械装备工业行业综合发展水平下降。其中，通用设备工业发展定基指数107.6，比上年下降32.4，环比指数96.2；专用设备工业发展定基指数130.3，比上年下降39.0，环比指数为96.4；交通运输设备工业发展定基指数106.0，比上年下降7.4，环比指数110.2；电气机械及器材工业发展定基指数112.0，比上年下降19.7，环比指数98.4；通信设备、计算机及其他工业发展定基指数125.1，比上年上升9.8，环比指数106.6。

（2）效率指数。

2013年，机械装备工业行业效率水平同比呈下降趋势。其中，通用设备工业效率定基指数77.4，比上年下降45.6，环比指数86.2；专用设备工业效率定基指数79.5，比上年下降22.8，环比指数94.7；交通运输设备工业效率定基指数88.5，比上年下降1.2，环比指数103.9；电气机械及器材工业效率定基指数84.2，比上年下降11.5，环比指数99.9；通信设备、计算机及其他工业效率定基指数102.0，比上年上升19.9，环比指数为 107.6。

（3）创新指数。

2013 年，机械装备工业行业创新水平同比呈上升趋势，R&D 人员占从业人员比重、R&D 经费占产品销售收入比重的上升是导致机械装备工业创新水平下降的主要原因。其中，通用设备工业创新定基指数 93.6，比上年上升 2.6，环比指数 106.7；专用设备工业创新定基指数 105.3，比上年下降 1.8；专用设备工业创新环比指数 108.1；交通运输设备工业创新定基指数 87.5，比上年上升 8.3，环比指数 113.7；电气机械及器材工业创新定基指数 133.4，比上年上升 6.5，环比指数为 107.4；通信设备、计算机及其他工业创新定基指数 120.9，比上年下降 12.5，环比指数为 100.7。

（4）绿色发展指数。

2013 年，机械装备工业行业绿色发展水平同比呈下降趋势，废水排放产出强度、废气排放产出强度的上升是导致机械装备工业绿色发展水平下降的主要原因。通用设备工业绿色发展定基指数 219.2，比上年下降 141.6，环比指数为 78.4；专用设备工业绿色发展定基指数 261.5，比上年下降 222.3，环比指数为 73.7；交通运输设备工业绿色发展定基指数 245.8，比上年大幅下降 70.8，环比指数为 98.9；电气机械及器材工业绿色发展定基指数 179.9，比上年大幅下降 86.5，环比指数为 78.8；通信设备、计算机及其他工业绿色发展定基指数 267.7，比上年大幅上升 54.7，环比指数为 128.3。

（5）增长指数。

2012 年，机械装备工业行业增长水平同比呈下降趋势，工业增速持续低迷。其中，通用设备工业增长定基指数 52.8，比上年下降 1.4，环比指数 105.0；专用设备工业增长定基指数

55.1，比上年下降1.4，环比指数为97.6；交通运输设备工业增长定基指数51.6，比上年上升5.7，环比指数123.8；电气机械及器材工业增长定基指数63.6，比上年下降10.6，环比指数为106.9；通信设备、计算机及其他工业增长定基指数73.8，比上年上升2.7，环比指数95.9。

（6）国际竞争力指数。

2012年，机械装备工业行业国际竞争力水平同比呈上升趋势。通用设备工业国际竞争力定基指数187.5，比上年下降1.2，环比指数为99.4；专用设备工业国际竞争力定基指数311.4，比上年上升9.3，环比指数103.1；交通运输设备工业国际竞争力定基指数122.2，与上年持平，环比指数为100.1；电气机械及器材工业国际竞争力定基指数80.6，与上年持平，环比指数为100.1；通信设备、计算机及其他工业国际竞争力定基指数79.0，比上年上升0.3，环比指数100.4。

3.2.1.3　工程机械

产销持续下降。2014年，全行业实现工业总产值5195亿元，同比下降9.9%。2014年全年，多数工程机械产品产量均出现不同程度下滑。除压实机械外，其他产品产量均出现两位数负增长。推土机全年销售7712台，同比下降1800台，降幅18.9%。压路机销售14270台，同比下降1456台，降幅9.3%。2015年1～6月，工程机械统计的5种主要产品产量同比全部继续下降，起重机同比下降10.6%，挖掘铲土运输机械同比下降27.9%，其中，挖掘机及装载机分别同比下降27.5%和31.0%。挖掘机销售32901台，同比下降43.4%；装载机累积销售35215台，同比下降55.8%；压路机销量为4987台，同比下滑25.6%；平地机销售650台，同比下降35.3%；起重机销售5601台，同比下降35.1%（图3-2-2）。

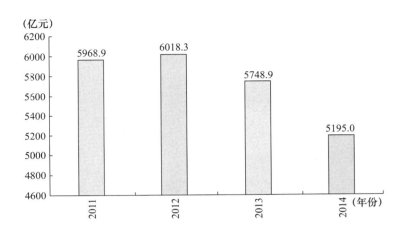

图 3 - 2 - 2　2011～2014 年工程机械工业总产值

资料来源：中国工程机械工业协会。

　　盈利能力持续负增长。工程机械行业利润总额在 2011 年达到历史最高点后，连续三年出现 30% 以上的负增长。2014 年全行业利润总额 120.9 亿元（见图 3 - 2 - 3）

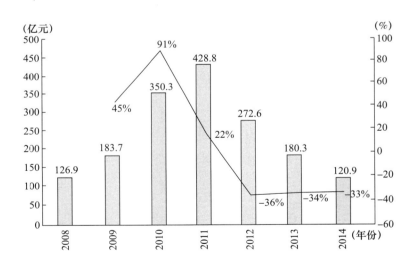

图 3 - 2 - 3　2008～2014 年工程机械行业利润总额

资料来源：中国工程机械工业年鉴（2010～2015 年）。

出口增速放缓，进口持续下行。2014 年，我国工程机械进出口贸易额为 240.8 亿美元，较 2013 年减少 1.9 亿美元，同比下降 0.8%。其中，进口金额 42.9 亿美元，较 2013 年下降 9.5%；出口金额 197.9 亿美元，较 2013 年增长 1.3%。其中，农机行业完成出口交货值 318.6 亿元，同比增长 2.9%。内燃机完成出口交货值 149.8 亿元，累计同比增长 13.3%。推土机全年累计出口 2602 台，同比下降 679 台，降幅扩大至 20.7%。压路机出口 2979 台，同比下降 416 台，降幅 12.3%。2015 年 1～6 月，我国工程机械产品进出口总额为 84.9 亿美元，同比下降 3.5%。其中，出口额 71.5 亿美元，与上年同期持平；进口额 13.4 亿美元，同比下滑 18.5%（图 3－2－4）。

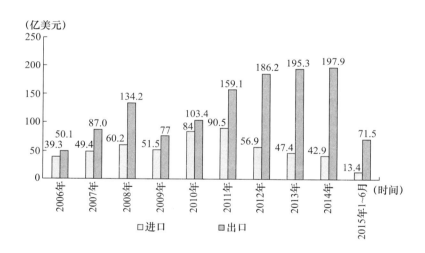

图 3－2－4　2006～2015 年中国工程机械产品进出口情况

资料来源：中国工程机械工业协会。

产品创新步伐加快。2014 年，工程机械产品数字化、智能化、信息化、绿色化水平不断提高，新技术、新材料、新工艺应用范围进一步扩大。一批集成创新、自主创新产品涌现。徐工集团建成我国最大的大吨位装载机智能化制造基地，也是世界工程机械行业内最大的联合厂房。三一重工、中联重科等工程机械龙头企业不断加大智能装备研发投入力度，开发出一系列技术水平领先的高端智能装备新产品。

3.2.1.4 机床工具

产销小幅波动。2014 年，金属加工机床产量同比下降2.0%。其中，金属切削机床产量同比下降1.7%，金属成形机床的产量同比下降3.3%。机床工具行业实现产品销售产值8276.5亿元，同比增长3.1%；金属加工机床产品销售收入同比增长0.7%。其中，金属切削机床产品销售收入同比增长0.3%；金属成形机床产品销售收入同比增长2.4%（图3-2-5）。

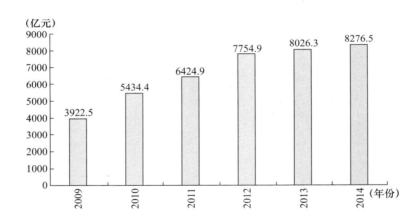

图3-2-5 机床工具工业产品销售产值

资料来源：中国机床工具工业协会。

盈利能力明显下降，企业亏损面持续扩大。2014 年，全行业利润总额同比增长11.4%。金属加工机床利润总额同比增长8.1%。全行业亏损企业高达50%，金属加工机床企业亏损超过

56%，亏损面扩大。2015年1~6月，全行业利润总额同比下降16.6%，金属加工机床利润总额同比下降29.9%。其中，金属切削机床同比下降207.1%，金属成形机床同比下降10.9%。全行业亏损企业占比为39.4%，金属加工机床亏损企业占比为43.5%。其中，金属切削机床为48.6%，金属成形机床为18.2%。

产品结构进一步优化。数控化率进一步提高。2011~2014年，金属加工机床产出数控化率连续四年增长，由2011年的64.2%迅速提升到2014年的75.3%，较2013年增长11.8%。2015年1~6月，机床数控装置同比增长19.76%，金属加工机床产品产值数控化率为76.7%，较上年同期增加4.3个百分点。机床智能化水平进一步提升。基于互联网技术诞生的"i5"系列智能机床，让"指尖上的工厂"成为现实。

出口继续稳步增长。2014年，机床工具出口总额达到116.3亿美元，同比增加22.1%。其中，金属加工机床出口额为34.0亿美元，同比增加18.8%；金属切削机床出口额为22.7亿美元，同比增加20.6%；金属成形机床出口额为11.2亿美元，同比增加15.3%。2015年1~6月，机床工具商品出口总额达到53.9亿美元，同比增长2.3%，增速较上年同期下降16.2个百分点。其中，金属加工机床出口额15.6亿美元，同比增加3.7%；金属切削机床出口额为10.4亿美元，同比增加8.0%；金属成形机床出口额为5.1亿美元，同比下降4.0%。

进口出现回落态势。2014年，机床工具进口总额达到177.8亿美元，同比增长10.8%。其中，金属加工机床进口额为108.3亿美元，同比增加7.6%；金属切削机床进口额为88.4亿美元，同比增加11.1%；金属成形机床进口额为19.9亿美元，同比下降5.8%。2015年1~6月，机床工具商品进口总额

73.9 亿美元，同比下降 9.3%；金属加工机床进口额 42.4 亿美元，同比下降 14.1%；金属切削机床进口额 33.82 亿美元，同比下降 15.3%；金属成形机床进口额 8.6 亿美元，同比下降 9.2%；工量具进口额 7.5 亿美元，同比下降 2.6%（图 3 – 2 – 6）。

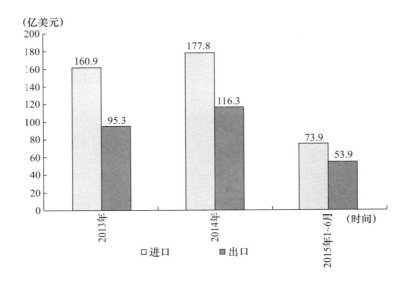

图 3 – 2 – 6　2013～2015 年 1～6 月机床工具产品进出口情况

资料来源：中国机床工具工业协会。

3.2.1.5　汽车工业

产销保持平稳增长，增幅减缓。2014 年，我国汽车行业累计产量为 2372.3 万辆，同比增长 7.3%，汽车销量为 2349.2 万辆，同比增长 6.9%。2015 年 1～6 月，汽车产销量略高于上年同期，各类车型增长幅度相差较大。2015 年 1～6 月，汽车生产 1209.5 万辆，同比增长 2.6%；汽车销售 1185.0 万辆，同比增长 1.4%（图 3 – 2 – 7）。

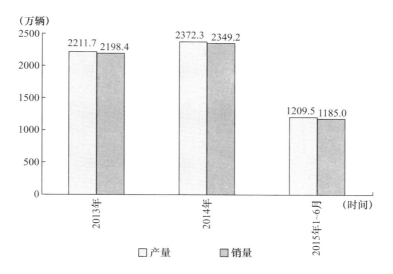

图 3 – 2 – 7　2013 ~ 2015 年 1 ~ 6 月汽车产品生产和销售情况

资料来源：中国机械工业联合会。

　　新能源汽车发展取得重大进展。在国家政策支持下，我国新能源汽车产业逐渐从导入期步入快速成长期。2014 年，300多款新能源新车型上市，全年产量达 8.4 万辆，同比增长近 4倍。2015 年 1 ~ 6 月，新能源汽车累计生产 7.8 万辆，同比增长近 3 倍。其中，纯电动乘用车生产 3.6 万辆，同比增长近 3 倍，插电式混合动力乘用车生产 2.0 万辆，同比增长 4 倍；纯电动商用车生产 1.5 万辆，同比增长 5 倍，插电式混合动力商用车生产 6406 辆，同比增长 74%。

　　乘用车产销平稳增长，节能环保乘用车市场快速增长。2014 年，乘用车产量达到 1991.9 万辆，同比增长 10.2%；乘用车销量达到 1970.1 万辆，同比增长 9.9%。其中，1.6 升及以下排量乘用车全年共销售 1314.6 万辆，同比增长 10.2%；占乘用车销售市场的 66.7%，占汽车销售市场的 55.9%。2015 年 1 ~ 6月，乘用车生产 1032.7 万辆，同比增长 6.4%；销售 1009.5 万辆，同比增长 4.8%。其中，1.6 升及以下排量乘用车销售

695.7 万辆，销量同比增长 8.7%，占乘用车销量 68.9%，高于乘用车销量市场 3.9 个百分点。2015 年 1~6 月，轿车生产 590.9 万量，同比下降 4.4%，轿车销售 578.9 万量，同比下降 5.9%。

乘用车自主品牌市场份额出现下滑。2014 年，自主品牌乘用车销售 757.3 万辆，同比增长 4.1%，占乘用车销售市场 38.4%，市场份额同比下降 2.1 个百分点。其中自主品牌轿车销售 277.4 万辆，同比下降 17.4%，占轿车市场份额 22.4%，市场份额同比下降 5.6 个百分点。2015 年 1-6 月，自主品牌乘用车销售 418.5 万辆，同比增长 14.6%，占乘用车销量的 41.5%，占有率同比提高 3.5 个百分点，其中，自主品牌轿车销售 124.3 万辆，同比下降 10.6%。占轿车销量的 21.5%，比上年同期下降 1.1 个百分点；SUV 销量 141.8 万辆，同比增长 92.8%，市场占有率 53.3%，比上年同期增长 12.9 个百分点（图 3-2-8）。

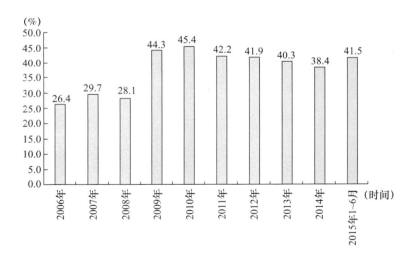

图 3-2-8　2006~2015 年中国乘用车市场自主品牌市场占有率

资料来源：工信部装备司中国汽车工业协会。

市场集中度稳中有升。2014 年，以上汽、东风为代表的 6 家汽车生产企业（集团）产销规模超过 100 万辆，其中上汽销量突破 500 万辆，达到 558.4 万辆，东风、一汽、长安、北汽和广汽分别达到 380.3 万、308.6 万、254.8 万、240.1 万和 117.2 万辆。前 6 家企业（集团）共销售汽车 1859.3 万辆，占汽车销售总量的 79.2%，产业集中度同比增长 2.6%。汽车销量前十名企业集团共销售汽车 2107.7 万辆，占汽车销售总量的 89.7%，产业集中度同比增长 1.4%。2015 年 1～6 月，销量超过百万的企业有上汽、东风、长安、一汽和北汽，销量分别为 284.4 万、184.1 万、146.6 万、137.2 万和 118.68 万辆，汽车销量排名前十位的企业（集团）共销售汽车 1063.9 万辆，占汽车销售总量 89.8%（图 3-2-9）。

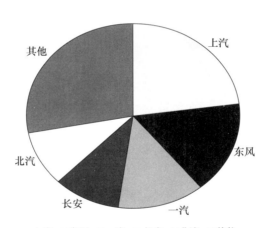

□上汽 ■东风 ▨一汽 ▦长安 ▢北汽 ■其他

图 3-2-9 2014 年国内汽车销售市场占有率

资料来源：工信部装备司。

出口增速减缓，进口下降明显。2014 年，汽车商品进出口总额首次超过 1800 亿美元，达到 1829.1 亿美元，同比增长

13.6%。汽车整车出口量降幅较上年趋缓，出口金额有所增加。汽车整车共出口94.7万辆，同比下降0.1%；出口金额138.1亿美元，同比增长6.9%。其中，轿车出口量明显下降，载货车小幅增长，客车增幅有所趋缓。2015年1~5月，汽车整车累计出口33.4万辆，同比下降9.0%，累计出口金额达到54.1亿美元，同比增长4.4%。2015年1~5月，汽车累计进口43.6万辆，同比下降38.5%，累计进口金额185.1亿美元，同比下降25.3%。

3.2.1.6 船舶工业

三大指标保持世界领先。2014年，以载重吨计造船完工量、新接订单量、手持订单量分别占世界市场份额41.7%、50.5%和47.1%，其中新接订单量较2013年提高2.6个百分点，产业国际竞争力进一步提升。造船完工降幅收窄。2014年，全国造船完工3905万载重吨，同比下降13.9%，降幅较上年收窄10.8个百分点。2015年1~6月，全国造船完工1853万载重吨，同比增长6.3%，其中海船为637万载重吨。

新接订单回落。2014年，全国承接新船订单5995万载重吨，同比下降14.2%。2015年1~6月，全国承接新船订单1119万载重吨，同比下降72.6%，其中海船承接新船订单413万载重吨。

手持订单量大幅增长。2014年，全国手持订单量14890万载重吨，同比增长13.7%。2015年1~6月，全国手持船舶订单13807万载重吨，同比下降9.2%，比2014年底下降7.6%，其中海船为4330万载重吨（图3-2-10）。

主营业务收入实现增长。2014年，全国规模以上船舶工业企业1491家，实现主营业务收入6334亿元，同比增长11.8%。分行业看，船舶制造企业4011亿元，同比增长11.4%；船舶配

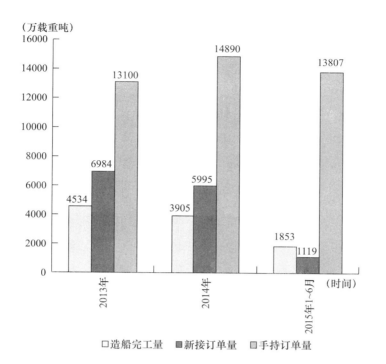

图 3 – 2 – 10　近三年我国船舶工业三项指标

资料来源：中国船舶工业行业协会。

套企业 1034 亿元，同比增长 11.1%；船舶修理企业 250.7 亿元，同比下降 1.9%。分企业规模看，大型企业 3160 亿元，同比增长 9.8%；中型企业 1573 亿元，同比增长 10.7%；小型企业 1601 亿元，同比增长 16.9%。2015 年 1~6 月，全国规模以上船舶工业企业 1445 家，实现主营业务收入 3767.7 亿元，同比增长 5.0%。其中，船舶制造 1938.5 亿元，同比增长 6.9%；船舶配套业 463 亿元，同比增长 8.2%；船舶修理业 91.7 亿元，同比下降 17.7%。

利润总额持续增长，造船企业盈利能力下降。2014 年，全国规模以上船舶工业企业实现利润总额 261.1 亿元，同比增长 7.0%。分行业看，船舶制造企业 153.2 亿元，同比增长 0.8%；

船舶配套企业53.7亿元，同比增长10.2%；船舶修理企业2.2亿元，同比下降67.3%。分企业规模看，大型企业124.2亿元，同比下降2.9%；中型企业59.5亿元，同比增长0.8%；小型企业77.4亿元，同比增长35.7%。2015年1～6月，规模以上船舶工业企业实现利润总额106.5亿元，同比下降18.4%。分行业看，船舶制造业55.5亿元，同比下降20.4%；船舶配套业23.4亿元，同比增长26.5%；船舶修理业3.1亿元，同比增长51.5%。

产业集中度进一步提高。全国前10家企业造船完工量占全国的比重达到50.6%，比2013年提高3.2个百分点；新接船舶订单继续向优势企业集中，前10家企业新接订单量占全国的比重达到55.5%。2015年1～6月，全国造船完工量排名前10位企业占全国比重为57.5%，较2014年底提高6.9个百分点；新承接船舶订单排名前10位企业占全国比重达到75.4%，比2014年底提高近20%，形成一批国际竞争力较强的海洋工程装备骨干企业。

船舶出口三大指标有升有降。2014年，全国完工出口船3311万载重吨，同比下降7.3%；承接出口船订单5551万载重吨，同比下降14.3%；截至12月底，手持出口船订单14280万载重吨，同比增长23.7%。出口船舶分别占全国造船完工量、新接订单量、手持订单量的84.8%、92.6%和95.9%。2014年，我国船舶出口金额237.8亿美元，同比下降14.1%，降幅收窄11.2个百分点。2015年1～6月，全国完工出口船1671万载重吨，同比增长8.5%；承接出口船订单933万载重吨，同比下降75.6%；手持出口船订单1.3117亿载重吨，同比下降8.7%。出口船舶分别占全国造船完工量、新接订单量、手持订单量的90.2%、83.4%和95%。

创新能力快速提升。2014 年以来，船舶工业创新成果显著。全球最大 8500 车位汽车滚装船、国内首艘 3 万立方米液化天然气（LNG）船、全球第二大 7.2 万吨半潜船研发成功。我国最大箱位 18000TEU 集装箱船试航成功，全球最大独立货罐型 3.7 万吨沥青船顺利下水。在海工建造领域交付世界首台半潜式圆筒型海洋生活平台、亚洲首艘 LNG 动力全回转工作船、国内首艘深水环保船。全球最大 12000 吨级起重船总装调试成功，全球首制 R－550D 自升式平台出坞。

3.2.2　问题与挑战

投资拉动作用减弱，订货增长缓慢。受国内外宏观经济运行影响，近两年来，机械装备工业订货持续低迷，订单增速持续下降。伴随着我国经济增长速度逐渐由高速向中高速通道转换，经济增长方式逐渐由投资驱动向创新驱动转变，短期内机械装备产品的市场需求环境仍然难以宽松，市场需求增长不能消化产能扩张的矛盾仍将存在。在市场压力作用下，机械装备工业落后产能淘汰、企业间兼并重组活动将更加活跃，产业组织结构有望在竞争过程中优化。

产品价格下滑，企业生产经营压力大。2014 年下半年以来，机械装备产品价格连续走低。预付款落实难、产品回款难等问题给企业生产经营带来较大困难。同时，采购成本、人工成本、融资成本、能源资源及环保成本不断上升，进一步挤压企业盈利能力。工业固定资产投资回落，产成品库存逐月走高。2014 年以来，机械装备行业企业累计应收账款占主营业务收入比重接近40%，占流动资产合计比重超过30%，企业财务成本高、流动资金不足的问题突出。银行对于装备制造企业"只收不贷"或"多收少贷"等行为进一步提高企业投融资成本，严重影响装备制造企业生产经营活动。因此，预计 2015 年，我国机械装备工业在营运成本高企与产品价格下跌"双重挤压"下，机械装备企业生产经营压力较大。

国际市场需求增长乏力，出口形势仍难乐观。在世界经济复苏缓慢、西方发达国家再工业化不断推进、国际市场竞争日趋激烈的背景下，我国机械装备工业出口形势不容乐观。装备制造企业出口不仅遭遇欧美技术性、绿色环保、技术标准和产品标准等非贸易壁垒制约，而且与包括印度、巴西、墨西哥在内的新兴经济体间的贸易摩擦也不断增多。由于国际经济复苏道路曲折，国际市场需求总体偏弱，各国产业间竞争仍然激烈，贸易摩擦形势依然严峻，未来我国机械装备工业产品出口面临困难和风险依然较多，出口形势不容乐观。

技术创新投入相对不足，自主创新能力仍有待提升。机械装备企业总体研发投入强度仍然较低。近年来，机械装备工业研发强度基本维持在 2% 左右，与发达国家 4%～5% 的平均水平相比还存在较大差距。此外，多数研发经费投入在跟踪模仿或配套技术开发方面，面向行业的基础技术、前沿技术经费投入严重不足，基础技术、关键零部件、基础工艺及特种优质原材料开发研究滞后。科研人员拥有量仍然较低，科技活动人员占机械装备工业从业人员比重大致在 3% 左右，远远低于发达国家 5% 以上的水平。

3.3 消费品工业

2014 年，消费品工业保持平稳增长，增速稍有回落，但仍高于全国工业增速；投资保持较快增长，但多数子行业投资增速明显回落。结构调整继续深化，行业集中度继续提高。效益规模持续扩大，规模以上企业实现利润总额增速下降；行业出口保持平稳增长，出口增速有所趋缓；行业技术改造步伐加快，节能减排顺利推进；消费品工业增长对整个工业平稳健康发展发挥了重要支撑作用。

3.3.1 行业发展特点

生产平稳增长。2014 年，消费品工业规模以上企业工业增加值同比增长 8.35%，回落 1.25 个百分点，超过全部工业增速 0.05 个百分点。轻工（含食品）、纺织、食品、医药和烟草行业分别增长 8.2%、7.0%、7.6%、12.5% 和 8.2%；消费品工业增加值占全部工业的 30.7%，占 GDP 的比重达 11.0%。2015 年 1~8 月，消费品工业增加值同比增长 6.5%，高于全部工业 0.2 个百分点。其中，轻工（不含食品）、纺织、食品、医药和烟草等行业分别增长 7.2%、6.7%、6.4%、10.0% 和 1.3%。消费品工业增加值占全部工业的 31.7%。

投资较快增长。2014 年，消费品工业固定资产投资保持较快增长。其中，农副食品加工业、食品制造业、纺织业和医药制造业同比分别增长 18.7%、22.0%、12.4% 和 15.1%。2015 年 1~8 月，消费品工业固定资产投资保持增长。其中，农副食品加工业、食品制造业、纺织业和医药制造业同比分别增长 7.1%、13.9%、13.0% 和 9.9%。

利润实现中速增长。2014 年，消费品工业实现利润总额同比增长 6.0%，比上年下降 9.1 个百分点，但仍高于全部工业 2.6 个百分点；轻工（含食品）、纺织、食品、医药和烟草同比分别增长 5.3%、6.5%、1.4%、12.1% 和 0.2%；消费品工业利润总额占全部工业的 32.7%。2015 年 1~8 月，消费品工业实现利润总额 13326.8 亿元，同比增长 9.6%，增幅比全部工业快 11.5 个百分点。其中，轻工（不含食品）、纺织、食品、医药和烟草同比分别增长 9.4%、9.2%、11.5%、12.8% 和 −0.9%。消费品工业利润总额占全部工业的 35.4%。

出口保持小幅增长，增速继续回落。2014 年，消费品工业累计完成出口交货值 4.4 万亿元，同比增长 5.8%，低于全部工业 0.6 个百分点，增速较上年回落 0.4 个百分点；轻工（含食品）、纺织、食品、医药和烟草等行业同比分别增长 7.2%、2.2%、4.5%、6.4% 和 2.8%；消费品工业出口交货值占全部工业的 31.3%。2015 年 1～8 月，消费品工业出口交货值同比下降 0.2%，降幅低于全部工业 1.1 个百分点。其中，轻工（不含食品）、纺织、食品、医药和烟草同比分别增长 1.5%、−2.2%、−2.4%、4.2% 和 18.1%。消费品工业出口交货值占全部工业的 32.0%（图 3 −3 −1）。

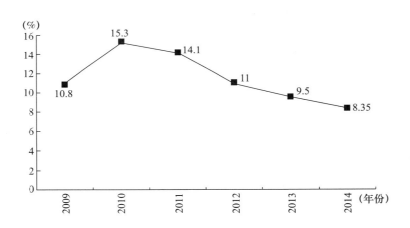

图 3 −3 −1　2009 年以来消费品工业增加值增速

资料来源：国家统计局。

3.3.2 纺织工业

3.3.2.1 发展特点

生产增速趋缓，主要产品产量增速明显回落。2014 年，规模以上纺织企业工业增加值同比增长 7.0%，增速较上年下降 1.3 个百分点。其中，纺织业工业增加值同比增长 6.7%，服装业工业增加值同比增长 7.2%，化纤业工业增加值同比增长 8.5%。从主要大类产品看，产量增速回落明显。纱线生产 3379 万吨，较上年增长 5.6%，增速回落 1.6 个百分点；布生产 893.7 亿米，较上年下降 0.4%，增速回落 6.1 个百分点；规模以上企业生产服装 299.2 亿件，较上年增长 1.6%，增速加快 0.3 个百分点。纺织工业增加值增速与主要产品产量增速如图 3-3-2所示。2015 年 1～8 月，规模以上纺织企业工业增加值同比增长 6.7%，高于全国制造业平均水平，其中，化纤产量同比增长 10.24%，产值同比增长 11.4%。

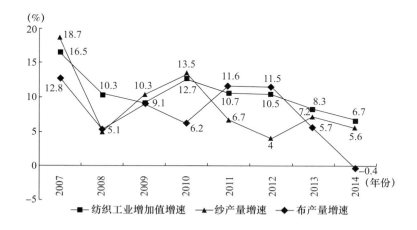

图 3 – 3 – 2　纺织工业增加值增速与主要产品产量增速

资料来源：国家统计局。

出口增速回落明显。我国海关数据显示，2014年，我国纺织品服装出口总额为3069.6亿美元，同比增长5.1%，较上年回落6.1个百分点。其中，纺织品出口1191.4亿美元，同比增长4.7%，服装出口1878.2亿美元，同比增长5.4%，增速分别回落6.5和5.9个百分点。2015年1～8月，纺织品服装累计出口1844.5亿美元，同比下降4.6%，其中纺织品出口721.6亿美元，同比下降1.6%，服装出口1122.9亿美元，同比下降6.4%。

固定资产投资增速趋缓，区域结构调整继续推进。2014年，我国纺织行业500万元以上项目固定资产投资完成额为10362.5亿元，同比增长13.4%，增速比上年回落3.9个百分点，且行业新开工投资项目数呈现负增长势头，新开工项目13646项，同比下降0.5%。其中，麻纺行业、化纤织造行业新开工项目降幅明显，同比分别下降25.6%和22.3%。纺织企业投资区域结构继续优化。2014年，中西部地区实际完成投资额4291.2亿元，同比增长15.7%，增速高于全国平均投资增速2.3个百分点，尤其是西部地区投资增长较快，实际完成投资额937.2亿元，同比增长21.6%。中西部地区占全国纺织行业实际完成投资额比重达41.4%，较上年提高0.8个百分点。2015年1～8月，纺织工业固定资产投资额同比增长13%。

经济效益平稳增长，增速有所回落。2014年，我国纺织企业运行质量总体平稳，效益稳定增长。国家统计局数据显示，2014年，纺织行业规模以上企业累计实现主营业务收入67220.1亿元，较上年增长6.8%，增速回落4.7个百分点；实现利润总额3662.7亿元，较上年增长6.1%，增速回落9.7个百分点。全国规模以上纺织企业平均销售利润率约达5.5%，与上年持平。2015年1～8月，全国纺织业利润总额为1240.47亿元，同比增长 7.5%；纺织业营业收入总额 25255.84 亿元，同比增长 5.9%。

3.3.2.2　发展水平评估

（1）发展指数。

2013 年，纺织业和纺织服装、鞋、帽业发展定基指数分别为 85.3、89.7，比上年分别下降 18.9 和 31.1（图 3 - 3 - 3、图 3 - 3 - 4）。纺织业发展指数下降主要是由效率、绿色发展和效益分项指标下降造成的，纺织服装、鞋、帽业发展指数下降则主要是由效率、创新、绿色发展分项指标下降导致的。

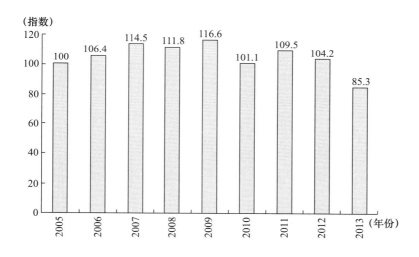

图 3 - 3 - 3　纺织业发展定基指数（基期：2005 年）

（2）效率。

2013 年，纺织业效率定基指数为 96.9，比上年下降 27.5，纺织服装、鞋、帽业效率定基指数为 100.0，比上年下降 64.1。纺织工业整体效率呈现快速下降态势（图 3 - 3 - 5）。

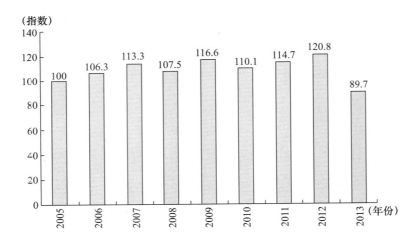

图 3 - 3 - 4　纺织服装、鞋、帽业发展定基指数（基期：2005 年）

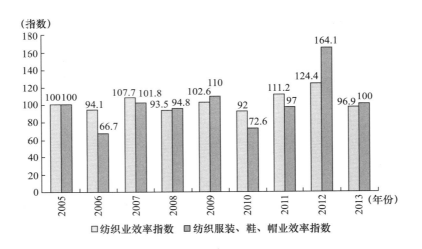

图 3 - 3 - 5　纺织工业效率定基指数（基期：2005 年）

（3）创新。

2013 年，纺织业创新定基指数为 71.1，比上年略下降 3.6；纺织服装、鞋、帽业创新定基指数为 100，比上年大幅下降 64.1。专利申请数下降是导致创新定基指数下降的主要原因（图 3 - 3 - 6）。

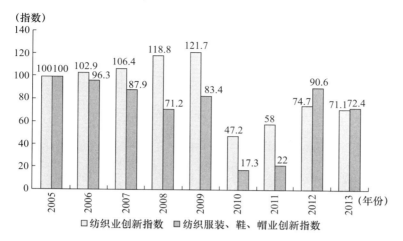

图 3 - 3 - 6　纺织工业创新定基指数（基期：2005 年）

（4）绿色发展。

2013 年，纺织业绿色发展定基指数为 168.8，比上年下降 66；纺织服装、鞋、帽业绿色发展定基指数为 157.8，比上年下降 70.3。工业能源效率、废水排放产出强度、废气排放产出强度的下降，是导致纺织工业绿色发展定基指数下降的主要原因（图 3 - 3 - 7）。

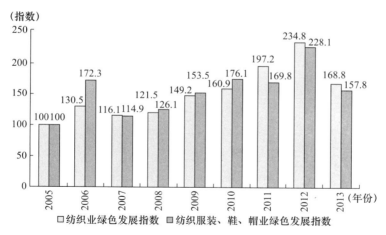

图 3 - 3 - 7　纺织工业绿色发展定基指数（基期：2005 年）

（5）效益。

2013 年，纺织业效益定基指数为 68.5，比上年减少 24.5；

纺织服装、鞋、帽业效益定基指数为60.7，与上年持平。综合来看，纺织工业效益指数下降，盈利能力降低（图3-3-8）。

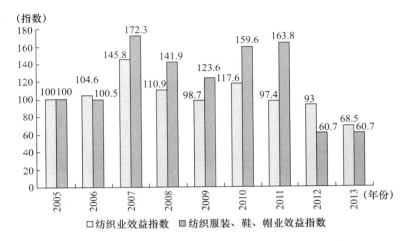

图3-3-8 纺织工业效益定基指数（基期：2005年）

（6）国际竞争力。

2013年，纺织业国际竞争力定基指数为50.3，比上年小幅上升4.4；纺织服装、鞋、帽业国际竞争力定基指数为41.4，比上年小幅上升8.3。虽然纺织工业国际竞争力指数仍处于较低水平，但呈现止跌回升态势（图3-3-9）。

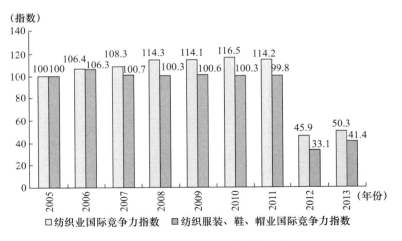

图3-3-9 纺织工业国际竞争力定基指数（基期：2005年）

3.3.3　医药工业

3.3.3.1　发展特点

生产保持快速增长，产业规模稳步扩张。2014 年，规模以上医药工业增加值同比增长 12.5%，增速较上年下降 0.2 个百分点，高于工业整体增速 4.2 个百分点，在各工业大类中位居前列。医药工业增加值在整体工业所占比重达到 2.8%，较上年增长 0.18 个百分点，显示医药工业对工业经济增长贡献进一步加大。分季度看，2014 年各季度末累计增速分别为 12.8%、13.5%、12.8%、12.5%。医药行业工业增加值增速如图 3 -3 -9 所示。2015 年 1 ~ 8 月，我国医药工业增加制同比增长 10%（图 3 -3 -10）。

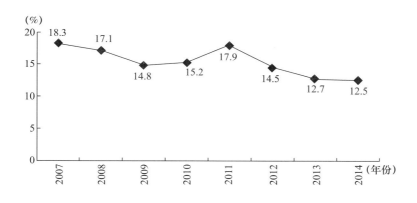

图 3 -3 -10　医药行业工业增加值增速

资料来源：国家统计局。

主营业务收入保持较快增长，增速继续放缓。2014 年，医药工业规模以上企业实现主营业务收入 24553.2 亿元，同比增长 13.1%，高于全国工业整体增速 6.1 个百分点，但较上年降低 4.8 个百分点。各子行业增速均有回落，其中，化学原料药收入 4240.4 亿元，同比增长 11.4%，回落 2.3 个百分点；化学药品制剂收入 6303.7 亿元，同比增长 12.0%，回落 3.8 个百分点；中药饮片收入 1495.6 亿元，同比增长 15.7%，回落 11.2 个百分点；中成药收入 5806.46 亿元，同比增长 13.1%，回落 8 个百分点；生物生化药品收入 2749.8 亿元，同比增长 14.0%，回落 3.5 个百分点。2015 年 1～8 月，医药制造业主营业务收入 15820.9 亿元，同比增长 9%。

整体盈利能力略有下降。2014 年，医药工业规模以上企业实现利润总额 2460.69 亿元，同比增长 12.26%，高于全国工业整体增速 8.96 个百分点，但较上年降低 5.34 个百分点，与主营业务收入同步出现下降。主营收入利润率为 10.02%，较上年下降 0.07 个百分点，基本稳定。纳入统计范围企业中，约 10% 的企业出现亏损。各子行业中，化学原料药、化药制剂主营收入利润率较上年略有增长，其余子行业利润率均较上年有所下降。2015 年，医药制造业利润总额 1571.5 亿元，同比增长 13.2%。

出口稳定增长，增速略有回升。2014 年，医药工业规模以上企业实现出口交货值 1740.81 亿元，同比增长 6.63%，增速较上年提升 0.83 个百分点，增长速度仍然较低，但有所回升。根据海关进出口数据，2014 年医药产品出口额为 549.6 亿美元，同比增长 7.38%，增速较上年提高 0.54 个百分点。主要两大类出口产品中，化学原料药出口额为 258.6 亿美元，同比增长 9.57%，增速较上年提高 6.93 个百分点；医疗器械出口额为 200.2 亿美元，同比增长 3.56%，增速较上年下降 6.36 个百分点。2015 年 1～8 月，医药产品出口额同比增长 4.2%。

固定资产投资保持稳步增长，增速明显回落。2014 年，医药制造业共完成固定资产投资 5205 亿元，同比增长 15.1%，增速较上年大幅回落 11.4 个百分点，但仍高出全国工业增速 2.2 个百分点。增速回落显示主要受 GMP 升级推动的医药工业投资高峰即将结束。医药行业固定资产投资额占全国工业固定资产投资额比重为 2.55%，占比较上年提高 0.06 个百分点。2015 年 1~8 月，医药制造业定资产投资同比增长 9.9%。

3.3.3.2 发展水平评估

（1）发展指数。

2013 年，医药工业发展定基指数为 100.8，比上年下降 29.3。医药工业发展指数下降主要是由效率、绿色发展和效益分项指标下行造成的（图 3－3－11）。

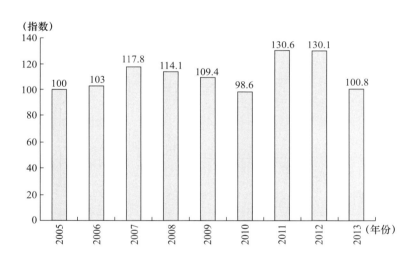

图 3－3－11 医药工业发展定基指数（基期：2005 年）

（2）效率。

2013 年，医药工业效率定基指数为 81.8，比上年下降 6.7，行业生产效率有所降低（图 3－3－12）。

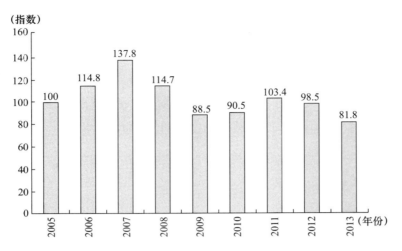

图 3 - 3 - 12　医药工业效率定基指数（基期：2005 年）

（3）创新。

2013 年，医药工业创新定基指数为 108，在上年 106.9 的基础上继续提高。专利申请数、R&D 人员占从业人员比重、R&D 经费占产品销售收入比重和新产品销售收入占比均有提升（图 3 - 3 - 13）。

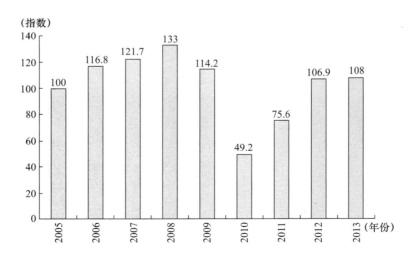

图 3 - 3 - 13　医药工业创新定基指数（基期：2005 年）

（4）绿色发展。

2013 年，医药工业绿色发展定基指数为 159，比上年大幅下降 115.6。工业能源效率、废水排放产出强度、废气排放产出强度的下降，是导致医药工业绿色发展定基指数下行的主要原因（图 3 - 3 - 14）。

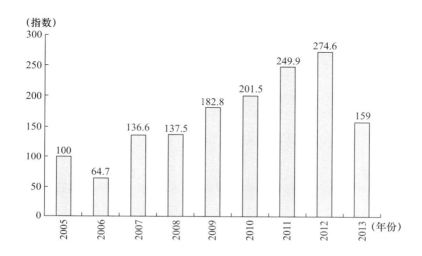

图 3 - 3 - 14　医药工业绿色发展定基指数（基期：2005 年）

（5）效益。

2013 年，医药工业效益定基指数为 81.5，比上年下降 19.4，这是各子行业利润率下降导致的（图 3 - 3 - 15）。

（6）国际竞争力。

2013 年，医药工业国际竞争力定基指数为 65，与上年持平，医药产品出口依然乏力（图 3 - 3 - 16）。

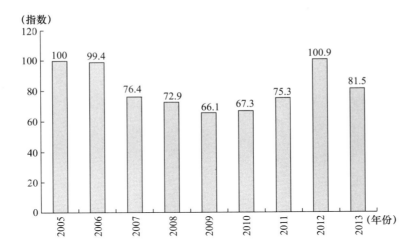

图 3－3－15　医药工业效益定基指数（基期：2005 年）

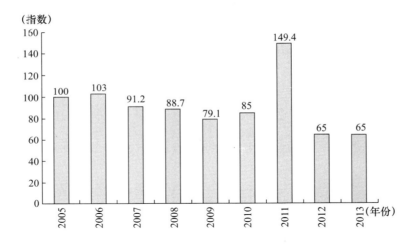

图 3－3－16　医药工业国际竞争力定基指数（基期：2005 年）

3.3.4　食品工业

3.3.4.1　发展特点

生产稳定增长，产业规模继续扩大。2014 年，37607 家规模以上食品工业企业增加值按可比价格计算同比增长 7.8%，比全国工业低 0.5 个百分点，增速比上年回落 1.3 个百分点。分行业看，农副食品加工业增长 7.7%，食品制造业增长 8.6%，酒、饮料和精制茶制造业增长 6.5%，烟草制品业增长 8.2%。经测算，全年食品工业完成工业增加值占全国工业增加值比重达到 11.9%，比上年提高 0.3 个百分点，对全国工业增长贡献率 11.0%，拉动全国工业增长 0.9 个百分点。食品工业保持了国民经济重要支柱产业地位。2015 年 1 - 6 月，农副食品加工业、食品制造业及酒、饮料和精制茶制造业完成工业增加值（现价）占全国工业增加值比重分别为 4.71%、2.11% 和 2.25%，同比分别增长 4.90%、6.80% 和 8.20%（图 3 - 3 - 17）。

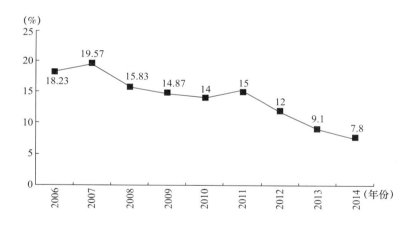

图 3 - 3 - 17　食品行业工业增加值增速

资料来源：国家统计局。

　　食品对外贸易平稳增长，进出口增速回落。2014 年，食品进出口保持平稳增长。海关统计数据显示，全年进出口食品总额 9986.3 亿元，同比增长 4.6%，增速比上年降低 3.5 个百分点。其中，出口 3744.5 亿元，同比增长 4.1%，增速比上年降低 2.7 个百分点；进口 6241.8 亿元，同比增长 4.9%，增速比上年降低 4 个百分点。从商品种类来看，水产品、蔬菜、水果仍为我国前三大出口商品。其中，出口水产品 1000 多亿元，增长 6.3%；出口蔬菜近 600 亿元，增长 7.6%；出口水果 200 多亿元，增长 2.6%。三类商品合计占出口总值的 57.2%。同期进口粮油产品 3800 多亿元，增长 3.1%，占同期我国食品进口总值的 61.1%。2015 年 1～6 月，食品工业规模以上企业累计出口额 227.7 亿美元，同比下降 0.2%；累计进口额 203.2 亿美元，同比下降 12.7%。

规模以上效益增长，主要经济指标增幅明显回落。2014 年，全国规模以上食品工业企业实现主营业务收入 108932.93 亿元，同比增长 8.0%，增幅比上年回落 5.1 个百分点；食品工业实现利润总额 7581.46 亿元，同比仅增长 1.2%，增幅比上年同期大幅回落 12.4 个百分点；食品工业每百元主营业务收入中的成本为 80.4 元，较上年提高 0.8 元；主营业务收入利润率为 7.0%，较上年下降 0.4 个百分点。2014 年，食品工业效益增长出现明显回落。在食品工业四大行业中，酒、饮料及精制茶制造业回落最为显著，行业利润和税金双双下降；农副食品加工业利润下降 0.44%；烟草制品业利润仅维持 0.2% 的微增长。仅食品制造业利润增长显著达 9.8%。另外，行业产成品库存增加，成本费用提升，是造成利润下降的主要原因。2015 年 1～6 月，全国规模以上食品工业企业（不含烟草）累计完成主营业务收入 48013.8 亿元，同比增长 4.8%；其中利润 3014 亿元，同比增长 12%。

固定资产投资增速回落较大。2014 年，食品工业完成固定资产投资 18698.90 亿元，同比增长 18.6%，增速比制造业高 5.1 个百分点，较上年回落 7.3 个百分点，但仍保持较快增长。

食品工业投资额占全国固定资产投资额的 3.7%，占比与上年持平。分行业看，农副食品加工业完成投资额 10026.6 亿元，食品制造业完成 4463.1 亿元，酒、饮料和精制茶制造业完成 3925.04 亿元，烟草制品业完成 284.17 亿元，同比分别增长 18.7%、22.0%、16.9% 和 -5.3%。除食品制造业投资增速小幅提高 1.7 个百分点外，其他三个行业投资增速都有大幅下降。2015 年 1~6 月，全国农副食品加工业完成固定资产投资 4435 亿元，同比增长 6.9%，食品制造业完成固定资产投资 2159 亿元，同比增长 16.3%。

行业集中度继续提高。2014 年，规模以上大中型食品工业企业共计 5789 家、小型企业 31818 家，分别占食品工业企业数的 15.4%、84.6%；大中型食品工业企业完成主营业务收入占全行业的 54.0%，小型企业占 46.0%；实现利润总额分别占 62.9%、37.1%；上缴税金分别占 83.2%、16.8%。大中型企业主要经济指标占比情况比两年前均有显著提高。

3.3.4.2　发展水平评估

（1）发展指数。

2013 年，食品饮料行业发展定基指数为 92.9，比上年下降 31.2。食品饮料行业发展指数下降主要是由绿色发展分项指标恶化造成的（图 3 - 3 - 18）。

（2）效率。

2013 年，食品饮料行业效率定基指数为 102.2，比上年上升 12，行业生产效率明显改善（图 3 - 3 - 19）。

（3）创新。

2013 年，食品饮料行业创新定基指数为 70.3，在上年基础上继续回升。R&D 人员占从业人员比重、R&D 经费占产品销售

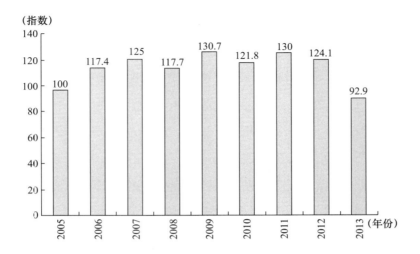

图 3 - 3 - 18 食品饮料行业发展定基指数（基期：2005 年）

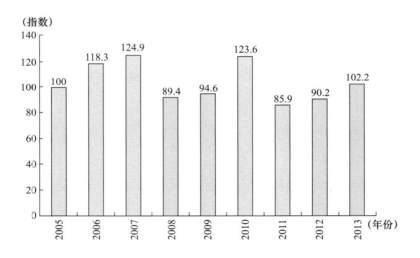

图 3 - 3 - 19 食品饮料行业效率定基指数（基期：2005 年）

收入比重和专利申请数上升促成了创新定基指数的上升（图 3 - 3 - 20）。

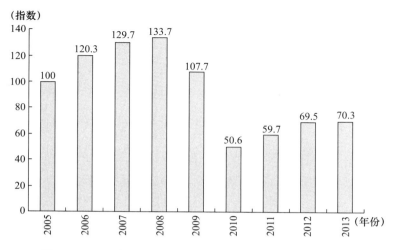

图 3 - 3 - 20　食品饮料行业创新定基指数（基期：2005 年）

（4）绿色发展。

2013 年，食品饮料行业绿色发展定基指数为 133.1，比上
年大幅下降 176.6。工业能源效率、废水排放产出强度、废气排
放产出强度的快速下降，是导致食品饮料行业绿色发展定基指
数下降的主要原因（图 3 - 3 - 21）。

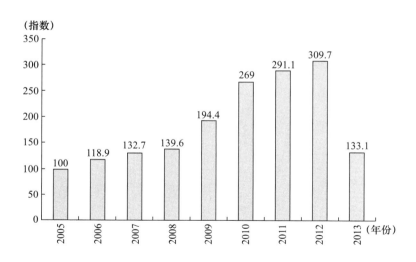

图 3 - 3 - 21　食品饮料行业绿色发展定基指数（基期：2005 年）

（5）效益。

2013 年，食品饮料行业效益定基指数为 64.3，比上年下降 14；这是行业综合成本上升、利润率下降导致的（图 3-3-22）。

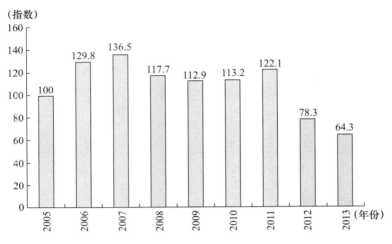

图 3-3-22　食品饮料行业效益定基指数（基期：2005 年）

（6）国际竞争力。

2013 年，食品饮料行业国际竞争力定基指数为 92.4，与上年基本持平，但贸易竞争力指数有所下降，出口增长乏力（图 3-3-23）。

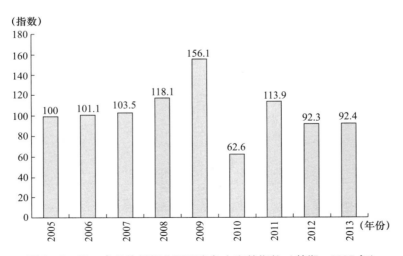

图 3-3-23　食品饮料行业国际竞争力定基指数（基期：2005 年）

3.3.5 问题与挑战

（1）消费需求低迷，行业下行压力增大。

从出口市场来看，发达经济体有所复苏，但需求恢复仍有较长过程；新兴经济体持续低迷，消费需求不足，制约了消费品出口增长。从国内来看，一方面产业转型升级意味着一部分人群收入存在不确定性，这部分人群消费将更趋保守和谨慎；另一方面区域发展不平衡和城乡收入差距的存在，导致潜在消费人群购买力短期内难以提升。需求的制约因素都对消费品行业发展带来挑战。

（2）原材料和要素成本上涨挤压行业利润空间。

2014 年，消费品行业部分原辅材料价格和人工成本上涨明显，整体推高了行业生产成本。同时，随着不良贷款率的上升，银行"惜贷"现象严重，企业融资成本进一步上升。此外，节能减排投入的增加客观上也助推了企业生产成本上涨。在多重成本压力之下，一些企业陷入亏损境地。

（3）技术创新能力弱，转型升级任务艰巨。

虽然各行业龙头企业加大了技术改造力度和研发支出，但消费品行业大部分企业生产规模小、利润率低，导致整个行业创新投入不足，技术创新能力提高受到限制。在低附加值、低品牌度生产模式主导下，消费品行业增长方式较为粗放，行业转型升级之路依然任重道远。

（4）品牌建设严重滞后导致国际竞争力低下。

消费品行业国际竞争力的低下，很大程度是由于品牌建设滞后导致的。无论服装还是食品，国内高端消费市场几乎被外资品牌占领。中国企业由于品质标准低、品牌建设严重滞后，在对外出口中，往往只能通过贴牌方式或输出初级原料的方式获得极低利润，在产业链分工中无法占据有利位置。

3.4 电子信息产业

3.4.1 行业发展特点

2014 年至 2015 年上半年，在全国经济进入"新常态"背景下，我国电子信息产业发展增速明显放缓，产品出口持续低迷，从高速增长期进入低速增长的产业调整期。与此同时，产业软硬件结构持续优化，区域发展日益协调，经济效益逐步好转，电子信息制造业创新能力和可持续发展能力显著提升。行业发展面临新兴增长不足、信息安全问题、监管创新滞后等方面挑战。

（1）电子信息产业总体。

产业发展增速放缓。"十二五"时期，我国电子信息产业发展增速逐步放缓，销售收入增速从 2010 年的 26.5% 逐年下降至 2015 年上半年的 11.0%。2014 年，我国规模以上电子信息产业企业个数超过 5 万家，其中，电子信息制造业企业 1.87 万家，软件和信息技术服务业企业 3.8 万家；电子信息产业全年完成销售收入达 14.0 万亿元，同比增长 13.0%。2015 上半年，我国电子信息产业全年完成销售收入 7.1 万亿元，同比增长 11.0%（图 3 - 4 - 1）。

软硬件结构持续优化。"十二五"时期，我国电子信息产业软硬件结构持续优化，软件业增速明显高于电子信息制造业增速，软件业占全行业比重从 2010 年的 17.5% 上升至 2015 年上半年的 28.5%。2014 年，我国软件业收入达到 3.7 万亿元，同

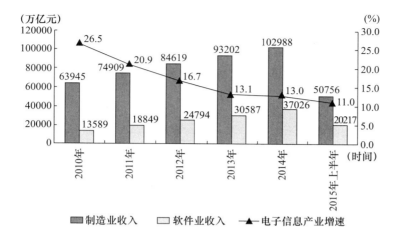

图 3 - 4 - 1　2010~2015 年上半年电子信息产业增长情况

资料来源：工业和信息化部。

比增长 21.1%，高于电子信息制造业增速 11.3 个百分点，软件业占全行业比重为 26.4%。2015 上半年，软件业收入逾 2 万亿元，同比增长 17.1%，高于电子信息制造业增速 9.3 个百分点，软件业占全行业比重达到 28.5%（图 3 - 4 - 2）。

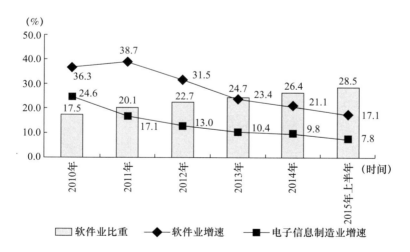

图 3 - 4 - 2　2010~2015 年上半年电子信息产业软硬件结构变化情况

资料来源：工业和信息化部。

固定资产投资逐步回暖。2014 年，我国电子信息制造业 500 万元以上项目完成固定资产投资额 1.2 万亿元，同比增长 11.4%，增速比上年同期下降 1.5 个百分点，低于同期工业投资增速 1.5 个百分点；全年新增固定资产投资 8012 亿元，同比增长 18.7%，增速比上年同期回升 17.4 个百分点。2015 年上半年，我国电子信息制造业 500 万元以上项目完成固定资产投资额 6227 亿元，同比增长 17.8%，增速比上年同期上升 6 个百分点，高于同期工业投资增速 8.5 个百分点；新增固定资产投资 2687.3 亿元，同比增长 22.1%，高于上年同期 18.9 个百分点。

中西部地区加速发展。2014 年，中部、西部地区规模以上电子信息制造业分别实现销售产值 12574 亿元和 9376 亿元，同比增长 25.9% 和 26.2%，增速高于全国平均水平 15.6 和 15.9 个百分点，中部、西部地区销售产值合计占全国比重达到 21.1%；中部、西部地区软件业务收入分别同比增长 26.7% 和 23.5%，增速高出全国平均水平 6.5 和 3.3 个百分点，在全国所占比重达 15.2%。2015 年上半年，中部、西部地区规模以上电子信息制造业分别完成销售产值 6306 亿元和 4642 亿元，同比增长 22% 和 12.7%，高于全行业平均水平 14 和 4.7 个百分点；中部、西部地区软件业务收入分别同比增长 20.3% 和 19.8%，增速高出全国平均水平 3.2 和 2.7 个百分点。

主要产品产量出现分化。2014 年，全行业共生产手机、微型计算机和彩色电视机 16.3 亿部、3.5 亿台和 1.4 亿台，占全球出货量比重均达半数以上；生产集成电路 1016 亿块，增速比上年提高 7.1 个百分点。2015 年上半年，全行业共生产彩色电视机 7058 万台、集成电路 509 亿块，分别比上年同期增长 2.7% 和 9.2%；生产手机 76179 万台、微型计算机 14503 万台，分别比上年同期下降 4.5% 和 11.7%。同时，对重点生产企业监测显示，国内生产手机中智能手机比例已经超过70%，彩电中智能电视比例超过40%，智能手表、智能眼镜等新型可穿戴设备以及智能家居等领域快速成长（表3-4-1）。

表3-4-1　主要电子信息产品产量情况

时间 行业	2008年	2009年	2010年	2011年	2012年	2013年	2014年	2015年 上半年
手机（万部）	55964	61925	99800	113258	118154	145561	162720	76179
微型计算机（万台）	13667	18215	24600	32037	35411	33661	35080	14503
彩色电视机（万台）	9033	9899	11800	12231	12823	12776	14129	7058
集成电路（亿块）	417	414	653	720	823	867	1016	509

资料来源：工业和信息化部。

（2）电子信息制造业。

行业发展增速领先全国。2005年以来，我国电子信息制造业综合发展指数总体呈增长趋势。以2005年为基期，"十二五"以来行业综合发展定基指数呈现快速增长趋势，2013年定基指数达到最高值125.1。从指数分解情况来看，绿色发展指数快速攀升，对行业发展指数贡献最大；创新指数小幅上升；效率指数小幅下滑；效益指数和国际竞争力指数明显下降。2014年至2015年上半年，电子信息制造业增速在全国工业中保持领先地位。2014年，我国规模以上电子信息制造业增加值同比增长12.2%，高于同期全国工业平均水平3.9个百分点，在全国41个工业行业中增速居第7位。2015年上半年，规模以上电子信息制造业增加值同比增长10.8%，高于同期全国工业平均水平4.5个百分点，在全国工业中的领先地位更加明显（图3-4-3、图3-4-4）。

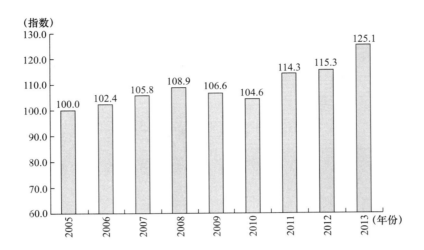

图 3 - 4 - 3　电子信息制造业发展定基指数（基期：2005 年）

资料来源：作者绘制。

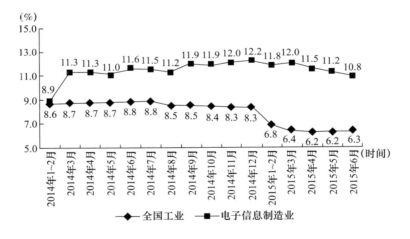

图 3 - 4 - 4　2014 年以来工业与电子信息制造业增速对比情况

资料来源：工业和信息化部。

行业生产效率开始回升。进入"十二五"，我国电子信息制造业 SML 生产效率逐年下滑。以 2005 年为基期，2010 年，行业生产效率定基指数达到峰值 114.6，随后逐步下滑至 2012 年的 82.1，为"十一五"以来的最低值。2013 年，电子信息制造业 SML 生产效率触底回升至 102.0，基本处于"十一五"初期水平（图 3 - 4 - 5）。

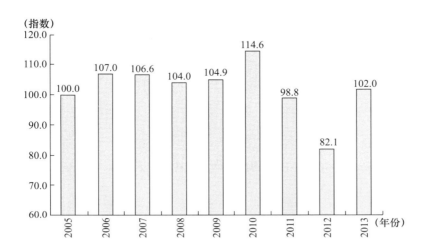

图 3 - 4 - 5　电子信息制造业效率定基指数（基期：2005 年）

资料来源：作者绘制。

行业经济效益逐步好转。"十一五"后期，我国电子信息制造业经济效益状况持续恶化。以 2005 年为基期，2009 年，行业经济效益定基指数仅为 47.6。2010 年以来，尽管行业经济效益有所恢复，但是仍处于持续低迷态势，定基指数从 2010 年的 90.5 下降至 2013 年的 73.8。2014 年以来，行业经济效益逐步好转。2014 年，我国规模以上电子信息制造业实现主营业务收入 10.3 万亿元，同比增长 9.8%；实现利润总额 5052 亿元，同比增长 20.9%。2015 年上半年，全行业实现主营业务收入 5.1 万亿元，同比增长 7.8%；实现利润总额 2295 亿元，同比增长 17.2%。其中，内资企业和小型企业对行业经济效益增长的贡献率有所提升（图 3 - 4 - 6）。

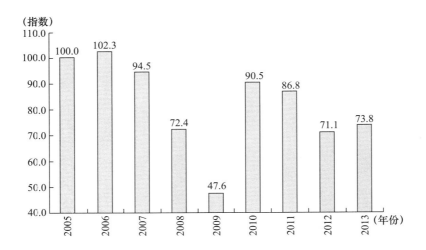

图 3 - 4 - 6　电子信息制造业效益定基指数（基期：2005 年）

资料来源：作者绘制。

　　企业创新能力明显提升。2012 年以来，我国电子信息制造业企业创新意识显著提升，2013 年，R&D 经费占产品销售收入比重跨越式增长至 4.44%，是 2011 年研发投入强度的 3 倍。2013 年，电子信息制造业企业创新产出能力大幅提升，新产品销售收入所占比重达到 31.3%，比 2012 年提高 3.7 个百分点（表 3 - 4 - 2）。以 2005 年为基期，2010 年行业创新定基指数仅为 77.2，仅两年时间就迅速增长至 2012 年的 133.4，2013 年仍保持在较高水平（图 3 - 4 - 7）。随着企业创新能力不断增强，我国积极参与并主导制定了云计算、物联网、射频连接器等领域的多项国际标准。

表 3 - 4 - 2　电子信息制造业创新投入与产出情况

年份	2005	2006	2007	2008	2009	2010	2011	2012	2013
专利申请数（项）	12838	19886	27894	30386	40263	46209	71890	74811	78154

年份	2005	2006	2007	2008	2009	2010	2011	2012	2013
R&D 人员占从业人员比重（%）	6.70	6.10	6.70	7.10	4.95	4.59	4.80	4.53	4.44
R&D 经费占产品销售收入比重（%）	1.20	1.20	1.20	1.30	1.42	1.42	1.48	4.53	4.44
新产品销售收入占比（%）	25.1	24.1	24.9	28.7	27.0	27.6	28.7	27.6	31.3

资料来源：国家统计局。

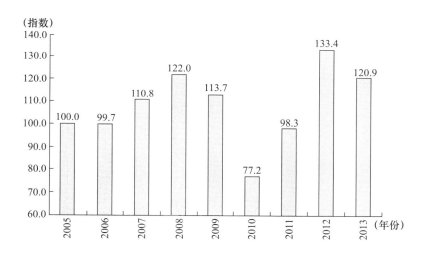

图 3－4－7　电子信息制造业创新定基指数（基期：2005 年）

资料来源：作者绘制。

可持续发展能力显著增强。2010 年以来，我国电子信息制造业能源效率迈上一个新台阶。2013 年行业能源效率达到 49.63 万元/吨标准煤，比 2010 年能源效率提升一倍多（图 3－

4－8）。行业可持续发展能力显著增强。以 2005 年为基期，2013 年行业可持续发展定基指数达到最高值 267.7，比 2012 年增长 54.7，比 2010 年增长 94.4（图 3－4－9）。

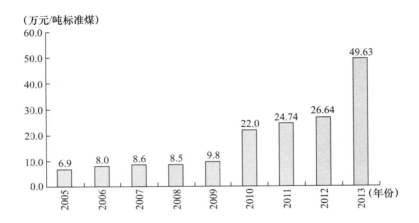

图 3－4－8　电子信息制造业能源效率变化情况

资料来源：作者绘制。

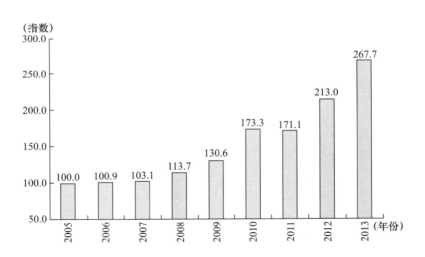

图 3－4－9　电子信息制造业绿色发展定基指数（基期：2005 年）

资料来源：作者绘制。

国际竞争力陷入谷底。2011 年，我国电子信息制造业国际竞争力大幅提升。以 2005 年为基期，2011 年，行业国际竞争力定基指数达到峰值 128.8，比 2010 年增长 40。但是，2012 年行业国际竞争力迅速跌入谷底，定基指数降至 78.7。2013 年，受电子信息产品进出口形势低迷影响，行业国际竞争力仍然在低谷徘徊，定基指数仅为 79.0。与此同时，内需市场对行业发展支撑作用增强。2014 年 10 月至 2015 年 6 月，内外销产值比重从 49.7∶50.3 逐步调整为 53.6∶46.4（图 3 – 4 – 10）。

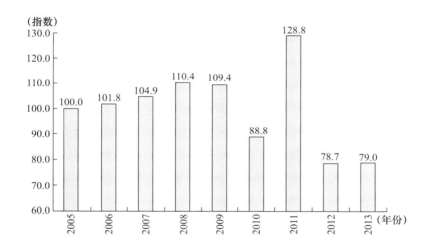

图 3 – 4 – 10　电子信息制造业国际竞争力定基指数（基期：2005 年）

资料来源：作者绘制。

专栏 3 – 4 – 1　政策驱动促使我国两化融合
发展水平提升

2015 年 1 月 5 日，工业和信息化部中国电子信息产业发展研究院在北京举办"2015 年两化融合发展十大趋势"发布会。

会上发布的《2014 年中国两化融合发展水平评估报告》显示，2014 年，我国两化融合发展指数为 66.14，同比增长 4.19。其中，基础环境指数为 71.71，增长 6.84；工业应用指数为 59.70，增长 2.36；应用效益指数为 73.43，增长 5.16。报告表明，2014 年我国两化融合发展水平呈现四大特点：

一是全国两化融合发展总指数持续增长。2011～2014 年，我国两化融合发展总指数分别为 52.73、59.07、61.95、66.14，年复合增长率为 7.85%。2012 年比 2011 年增长 2.88 点，2014 年比 2013 年增长 4.19 点，2014 年比 2013 年增长幅度大。

二是基础环境发展水平提升受政策因素驱动明显。2014 年，两化融合基础环境指数增长 6.84，高于其他两类指数增长幅度。这主要是因为 2013 年国家出台了《"宽带中国"战略及实施方案》《关于促进信息消费扩大内需的若干意见》等文件，工信部发布了《信息化和工业化深度融合专项行动计划（2013～2018 年)》，组织实施了城市宽带提速、宽带体验提升等专项行动，地方也制定了相应配套政策措施。在这些政策强力支持下，2014 年，我国 4M 及以上宽带接入用户占比达到 79%，全国平均下载速率半年内从 2.9 兆比特每秒提升到 3.5 兆比特每秒。

三是两化融合带动电子信息产业发展能力明显增强。2011～2014 年，电子信息制造业主营业务收入指数分别为 73.11、83.91、91.49、98.20；软件业务收入指数分别为 69.66、80.85、91.91、100.18，电子信息制造业和软件产业持续快速发展，对两化融合应用效益指数增长贡献较大。

四是东中西部两化融合发展水平差距有小幅缩小。2014 年，东部省份两化融合平均指数是 75.20，西部是 54.78，中部是 63.94。东中部、中西部、东西部差值分别是 11.26、9.16、20.42；东中、中西、东西部差值分别是 11.44、10.83、22.27。

这表明 2013 年、2014 年我国东中西部两化融合发展水平差距有小幅度缩小。

从各省数据来看，2014 年，多数省份两化融合发展总指数有不同程度提升，其中安徽、重庆、贵州、浙江、湖南发展总指数增长最快，四川、吉林、河北、福建、河南、江苏、江西、上海发展总指数增速也超过全国平均水平。在基础环境方面，青海、浙江、河北、江西、贵州增长最快。在工业应用方面，安徽、重庆、贵州、湖南、浙江增长最快。在应用效益方面，湖北、重庆、吉林、辽宁、四川增长最快。

资料来源：中国电子报、电子信息产业网，2015－01－06。

（3）软件业。

收入增长稳中趋缓。2014 年，我国实现软件业务收入 3.7 万亿元，同比增长 20.2%，增速比 2013 年下降 3.2 个百分点，但高于电子信息制造业 10 个百分点。2014 年下半年，软件业收入增速有所放缓，并延续至 2015 年。2015 年上半年，我国实现软件业务收入 2 万亿元，累计增速下降至 17.1%（图 3－4－11）。

新兴领域快速增长。2014 年，信息技术咨询服务、数据处理和存储类服务同比增长 22.5% 和 22.1%，增速高出全行业平均水平 2.3 和 1.9 个百分点，占软件业比重同比提高 0.2 和 0.3 个百分点；嵌入式系统软件同比增长 24.3%，增速高出全行业平均水平 4.1 个百分点。2015 年上半年，电子商务平台服务（包括在线交易平台服务、在线交易支撑服务在内的信息技术支持服务）同比增长 22.9%，增速高出全行业平均水平 5.8 个百分点；嵌入式系统软件同比增长 20.5%，增速高出全行业平均水平 3.4 个百分点。

119

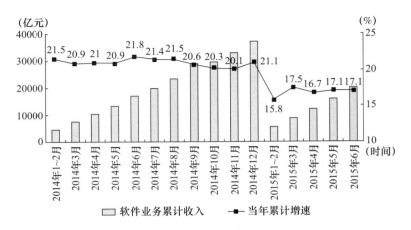

图 3－4－11 2014 年以来软件业收入及其增长情况

资料来源：工业和信息化部。

中西部地区加速发展。2014 年，中部、西部地区分别完成软件业务收入 1713 亿元和 3927 亿元，同比增长 26.7% 和 23.5%，增速高出全国平均水平 6.5 和 3.3 个百分点，在全国所占比重提升至 4.6% 和 10.6%。2015 年上半年，中部、西部地区分别完成软件业务收入 801 亿元和 2121 亿元，同比增长 20.3% 和 19.8%，增速高出全国平均水平 3.2 和 2.7 个百分点。

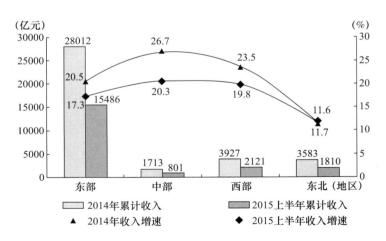

图 3－4－12 2014 年以来软件业分区域增长情况

资料来源：工业和信息化部。

中心城市增速放缓。2014 年，全国 15 个中心城市实现软件业务收入超过 2 万亿元，同比增长 21.1%，增速高出全国平均增速 0.9 个百分点。2015 上半年，全国 15 个中心城市实现软件业务收入 11405 亿元，同比增长 16.6%，增速比上年同期下降 7 个百分点，低于全国平均水平 0.5 个百分点。

表 3-4-3　2014 年软件业收入达百亿元规模以上省市统计

序号	地区	规模（亿元）	序号	地区	规模（亿元）
1	江苏省	6173	11	陕西省	886
2	广东省	6019	12	湖北省	851
3	北京市	4797	13	重庆市	706
4	山东省	3089	14	吉林省	381
5	辽宁省	3061	15	湖南省	302
6	上海市	2899	16	河南省	234
7	浙江省	2438	17	河北省	150
8	四川省	1896	18	安徽省	145
9	福建省	1515	19	黑龙江省	133
10	天津市	907			

资料来源：工业和信息化部。

出口下行压力增大。2014 年，我国软件业实现出口 545 亿美元，同比增长 15.5%，增速比上年下降 3.5 个百分点。2015 年，软件业出口下滑趋势更加明显，1~6 月软件业实现出口 251 亿美元，同比增长 5.7%，低于上年同期 11.4 个百分点，低于全行业增速 11.4 个百分点。其中，外包服务和嵌入式系统软件出口分别增长 4.8% 和 4.1%，增速低于上年同期 17.1 和 8.8 个百分点。

3.4.2 问题与挑战

（1）需加快培育行业新兴增长点。

2014年以来，我国电子信息产业中的传统领域增速明显放缓，而新兴领域仍然方兴未艾，亟待培育支撑行业未来发展的新兴增长点。近年来，通信设备行业一直是电子信息制造业增长的主要推动力，其高速增长主要得益于智能手机市场的急剧膨胀。但是，随着产量规模的不断扩大以及智能手机普及率的快速提升，市场增速已经开始下滑。与此同时，微型计算机、笔记本电脑等传统产品的增速也都降到了很低水平。尽管随着国家和地方产业支持政策的密集出台，可穿戴设备、智能家居、云计算、大数据等领域逐渐成为市场关注热点，但是当前这些新兴领域的市场规模尚小，难以抵消传统优势行业增速下滑带来的负面影响，短期内还无法取代传统产业成为主导产业。因此，政府应进一步加大对产业转型升级扶持力度，加快培育未来有较强发展潜力的新兴领域，同时积极推动电子信息产业企业的跨界并购与融合发展。

（2）信息安全依然面临严峻考验。

随着互联网的发展，移动互联、云通信、电子金融的应用日益普遍。这些新兴信息技术服务的迅速崛起，在给广大用户工作和生活带来便捷的同时，其引发的一系列信息安全问题也愈发突出，我国信息安全形势更加严峻。进入2015年以来，互联网企业信息安全事件频繁发生，铁路订票网站、网易、支付宝、携程等网络先后出现瘫痪，造成了严重的经济损失和社会负面影响。尽管近年来我国信息安全产业规模持续高速增长，但是仍然存在企业整体规模偏小、自主创新能力较弱、安全专业人才相对缺乏等问题。为此，政府要营造更加良好的产业政策环境，尽快制定网络安全审查制度，加大对研发创新扶持力度，促进产学研合作与平台开发，加强信息安全专业人才队伍建设，培育骨干企业并鼓励其参与国际竞争。

（3）行业监管方式和手段有待创新。

目前，互联网与多种行业渗透交叉产生新的业态，在现有行业监管体系下存在监管漏洞，需要针对新形势创新监管方式和手段。近年来，关于网络约车服务企业提供的"专车服务"是否合理，引起了社会各界的激烈争论，被地方交管部门频频叫停。自微商兴起之后，微信朋友圈购物便呈现爆发之势，但随之也导致了"微商传销"等违法现象。由于我国现行《消费者权益保护法》和《网络交易管理办法》对微信购物没有明文监管规定，致使微信平台违法成本低、起诉成本高，消费者很难维护自己的合法权益。面对这些新兴业态的产生和快速发展，行业监管部门应针对新兴产业特点，及时创新监管方式和手段，同时积极倡导企业诚信经营，维护行业秩序，确保健康发展。

（4）先进制造工艺与国际水平拉大差距。

当前，世界范围的电子信息领域技术创新密集发生，我国集成电路领域与先进制造业工艺差距正在逐渐拉大。与集成电路产业类似，我国电子元件制造业进出口也出现明显下滑。究其原因，一是受制于我国要素成本快速上升，国际龙头企业的代工订单和生产线建设加速向中国以外地区转移；二是国内先进工艺水平仍然受制于工业领域"四基"（基础材料、基础零部件、基础工艺和产业技术基础）薄弱的影响，自主创新能力提升显著受限。尤其是德国的"工业4.0"战略所代表的通过价值网络实现横向集成、工程端到端数字集成横跨整个价值链、垂直集成和网络化制造系统等产业发展趋势，都对我国电子基础制造水平提出了更高要求。为扭转这种局面，需要进一步加强行业基础研究和平台建设，完善行业创新生态系统，促进自主创新能力的提升。

（5）国际贸易壁垒阻碍产品"走出去"。

近来，光伏产品和平板显示再次遭遇国际市场出口管制。在光伏领域，美国发动对我光伏产品"双反"调查，印度也对我国及台湾地区做出反倾销终裁，欧盟这一传统目标市场出口占比大幅下挫。平板显示领域，随着国产电视面板在全球市场份额的日益增加，竞争对手利用价格、专利、标准、能效、环境评价等多种非关税壁垒手段打压国内企业。面对国际贸易保护主义崛起的不利局面，我国应统筹布局集成电路和平板显示等电子基础产业。一方面，在《国家集成电路产业发展推进纲要》框架下，尽快研究制定切实可行的配套政策体系，统筹利用国家集成电路基金及地方集成电路资金，引导更多市场资金投入集成电路相关行业。另一方面，应注重平板显示行业资源整合，推动资源聚集以提升整体效能，防范盲目建设和低水平建设，鼓励具有自主知识产权和较好产业基础的企业投资，引导投资主体进一步集中，充分挖掘我国智能制造潜力。

3.5　工业相关服务业

2014 年，《国务院关于加快发展生产性服务业促进产业结构调整升级的指导意见》指出，要大力发展研发设计、第三方物流、融资租赁、信息技术服务、节能环保服务、检验检测认证、电子商务、商务咨询、服务外包、售后服务、人力资源服务和品牌建设等生产性服务业，推动产业结构调整升级，工业相关服务发展取得积极进展。

3.5.1 工业设计服务业

（1）产业规模快速扩大，全球地位进一步提升。

工业设计服务业产业规模逐步扩大。以 IC 设计产业为例，2014 年，我国 IC 设计产业实现收入 1099 亿元，较上年增长 11.5%，是 2007 年 171 亿元的 6 倍多（图 3－5－1），2015 年上半年，IC 设计产业实现收入 688.6 亿元，同比增长 13.1%。另外，根据全球半导体联盟（GSA）统计数据，2014 年，我国 IC 设计产业规模占全球比重达到 18.8%，较上年提高 2.1 个百分点，中国集成电路设计业在全球产业中的地位得到进一步巩固，在美国和中国台湾地区之后稳居第三位。

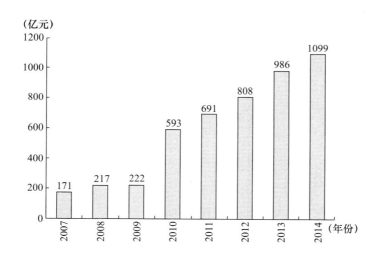

图 3－5－1 我国 IC 设计产业规模（2007～2014）

资料来源：工业和信息化部。

（2）集聚区能级提升，收入快速增长。

工业设计集聚区快速发展。以北京为例形成了西城区核心设计示范区、海淀国际集成电路和电子产品设计基地、东城工艺美术设计产业集群、朝阳区艺术时尚与展示设计产业区、DRC 工业设计创意产业基地等 30 多个设计创意园区；2014 年，北京创意设计服务园区收入为 425.9 亿元。

（3）设计成果涌现，服务领域更加广泛。

工业设计涌现出一批重要成果，2014 年，获中国创新设计红星奖设计成果达 300 项，包含涵盖信息和通信产品、消费类电子和家用电器、家居用品和照明服饰、工艺美术和产品包装、装备制造和医疗器械、交通工具和公共设施、建筑装饰等领域。从分领域来看，IC 设计的服务产品和领域非常广泛，IC 设计服务于通信、多媒体、计算机等领域（图 3-5-2）。

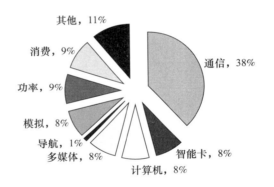

其他，11%
消费，9%
功率，9%
模拟，8%
导航，1%
多媒体，8%
计算机，8%
智能卡，8%
通信，38%

图 3-5-2 我国 IC 设计产业服务领域细分情况

资料来源：中国半导体行业协会集成电路设计分会。

3.5.2 物流服务业

（1）社会物流总额稳步增长，增幅继续回落。

2014 年，全国社会物流总额 213.5 万亿元，较上年增长 7.9%，增速继 2013 年下降 0.3 个百分点后，2014 年继续下降 1.6 个百分点（图 3-5-3）。其中，工业品物流总额为 196.9

万亿元，较上年增长 8.3％；进口货物物流总额 12.0 万亿元，较上年增长 2.1％；农产品和再生资源物流总额为 3.3 万亿元和 0.85 万亿元，较上年分别增长 4.1％和 14.1％①，单位与居民物品物流总额 0.37 万亿元，较上年增长 32.9％。2015 年 1 ~ 7 月，全国社会物流总额 123.2 万亿元，同比增长 5.8％。

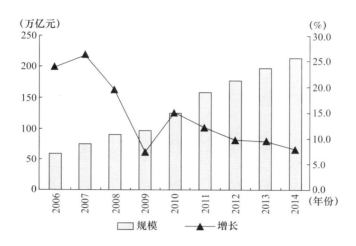

图 3 - 5 - 3　中国物流总额变动情况（2006 - 2014）

资料来源：中国物流与采购联合会。

（2）物流总费用占 GDP 比重小幅下降。

2014 年，全国社会物流总费用为 10.6 万亿元，较上年增长 6.9％，增速下降 2.6 个百分点；社会物流总费用与 GDP 比率为 16.6％，占比下降 0.3 个百分点。其中，运输费用为 5.6 万亿元，较上年增长 6.6％，占社会物流总费用的比重为 52.9％；保管费用为 3.7 万亿元，较上年增长 7.0％，占社会物流总费用比重为 34.9％；管理费用为 1.3 万亿元，占社会物流总费用比

---

① 中国物流与采购联合会。

重为 12.2% 。2015 年 1~7 月，社会物流总费用 5.8 万亿元，同比增长 4.2% 。

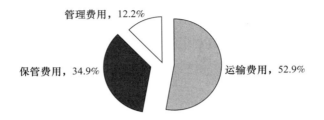

图 3-5-4　2014 年中国物流业费用结构

资料来源：中国物流与采购联合会。

（3）物流业收入平稳增长，物流业增加值增幅趋缓。

2014 年，物流业总收入 7.1 万亿元，较上年增长 6.9%；2015 年 1~7 月，物流业总收入 4.2 万亿元，同比增长 5.3%。2014 年，全国物流业创造增加值 3.5 万亿元，较上年增长 9.5%（图 3-5-4），其中，交通运输物流增加值 2.4 万亿元，较上年增长 8.3%，仓储物流增加值较上年增长 4.8%，批发、贸易物流业增加值较上年增长 7.9%。物流业增加值占 GDP 比重为 5.5%。

（4）物流企业核心群体稳步增强。

2014 年，33 家物流企业被中国物流与采购联合会评为 5A 级物流企业，截至 2014 年 8 月，获得中国物流与采购联合会 5A 级认定企业累计达 181 家，A 级物流企业达 2921 家。

（5）物流基础设施继续改善。

道路、港口、园区等物流基础设施继续改善。2014 年，铁路运营里程达到 11.18 万公里，较上年增长 0.87 万公里，高速公路运营里程达到 11.19 万公里，较上年新增 0.75 万公里。

2014 年，中国物流与采购联合会新认定 4 家物流园区为中国物流示范基地，10 家物流园区（企业）为中国物流实验基地。

（6）物流货运能力平稳增长。

2014 年，货物运输总量达到 439.1 亿吨，较上年增长7.5%；货物运输周转量 184619.2 亿吨公里，较上年增长9.9%。其中，铁路货物运输总量为 38.1 亿吨，货物运输周转量 29187.1 亿吨公里；民航货物运输总量 593.3 万吨，货物运输周转量 186.1 亿吨公里，年货邮吞吐量万吨以上机场 50 个，与2013 年持平（表 3 – 5 – 1）。

表 3 – 5 – 1 2014 年各种运输方式完成货物运输量及其增长速度

指标	货物运输总量		货物运输周转量	
	规模	增长（%）	规模（亿吨公里）	增长（%）
总计	439.1（亿吨）	7.5	184619.2	9.9
铁路	38.1（亿吨）	− 3.9	27530.2	− 5.6
公路	334.3（亿吨）	8.7	61139.1	9.7
水运	59.6（亿吨）	6.4	91881.1	15.7
管道	6.9（亿吨）	5.2	3882.7	10.9
民航	593.3（万吨）	5.7	186.1	9.3

资料来源：国家统计局。

3.5.3 电子商务服务业

（1）电子商务市场蓬勃发展，增速有所下降。

2014 年，中国电子商务交易总额 13.4 万亿元，较上年增长31.4%，占国内生产总值比重为 21.1%。电子商务服务企业从业人员超过 250 万人，第三方支付交易规模达到 80767 亿元，较上年增长 50.3%。全国网络购物用户达 3.8 亿人，较上年增长 21.8%。

（2）B2B 市场快速增长，用户规模不断扩大。

B2B 市场继续保持快速增长。2014 年，全国 B2B 电子商务交易额达到 10 万亿元，较上年增长 22%，是 2007 年的 4.5 倍（图 3－5－5）。

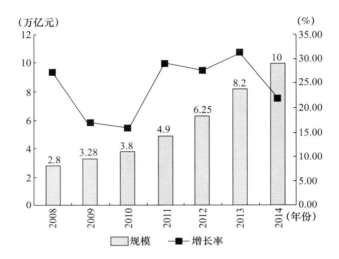

图 3－5－5　中国 B2B 市场交易规模

资料来源：中国电子商务研究中心。

2014 年，中国 B2B 电子商务服务企业达 12500 家，较上年增长 4%。B2B 电子商务企业营收达到 255 亿元，较上年增长 24.4%（图 3－5－6）。

2014 年，中国使用第三方电子商务平台中小企业用户规模（包括同一企业在不通平台上注册但不包括在同一平台上重复注册）突破 2050 万户，为 2007 年的 2.5 倍（图 3－5－7）。

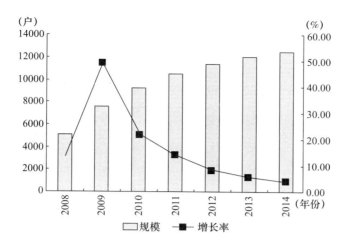

图 3 - 5 - 6 中国 B2B 企业规模

资料来源：中国电子商务研究中心。

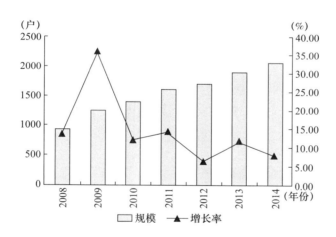

图 3 - 5 - 7 中国 B2B 注册企业规模

资料来源：中国电子商务研究中心。

（3）网络零售市场规模快速增长。

2014 年，网络零售市场交易规模达到 28211 亿元，较上年增长 49.7%；中国网络零售市场交易规模占社会消费品零售总额的 10.6%。电子商务企业数量达 34314 户，是 2008 年的 6.3

倍。移动网购交易规模达 9285 亿元，较上年增长 240%。网络零售用户规模达 3.8 亿元，较上年增长 21.8%（表 3 - 5 - 2）。

表 3 - 5 - 2　2014 年中国网络零售市场发展情况

年份	网络零售市场交易规模（亿元）	电子商务企业数量（户）	移动网购规模（亿元）	零售用户规模（亿元）
2008	1300	5460		0.79
2009	2600	9962		1.21
2010	5141	15800		1.58
2011	8019	20750	116	2.03
2012	13205	24875	691	2.47
2013	18851	29303	2731	3.12
2014	28211	34314	9285	3.8

资料来源：中国电子商务研究中心。

（4）跨境电商快速发展。

对外贸易增速放缓背景下，跨境电商业务快速发展，成为驱动贸易发展新动力。2014 年，中国跨境电商交易规模为 4.2 万亿元，较上年增长 33.3%，是 2010 年的 3.8 倍（图 3 - 5 - 8）。我国跨境电商交易主要以进口为主，2014 年中国跨境电商中出口占比达到 85.4%，进口比例 14.6%。同时，我国跨境电商交易模式中 B2B 占主导地位，2014 年跨境电商 B2B 交易占比达到 93.5%。

（5）电子商务投诉不断增加，服务质量有待提升。

2014 年，网络购物投诉占电子商务类投诉 47.55%，生活服务 O2O 占 24.24%，移动电子商务占 12.36%，物流快递占 6.77%，互联网金融占 2.95%。网络购物投诉不断增加，退换货物、退款问题、网络售假、质量问题、虚假促销、发货迟缓、信息泄露、网络诈骗、售后服务、订单取消等成为投诉热点（见图 3 - 5 - 9）。

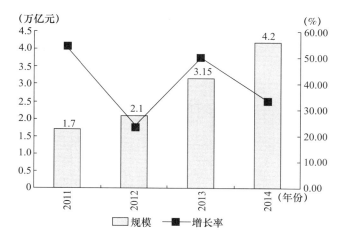

图 3 − 5 − 8　跨境电商规模（2011~2014）

资料来源：中国电子商务研究中心。

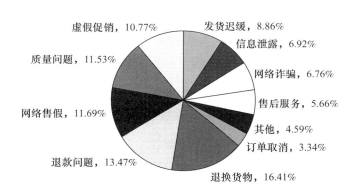

图 3 − 5 − 9　网络购物投诉类型分布

资料来源：中国电子商务研究中心。

3.5.4　节能环保服务业

（1）节能服务业平稳快速增长，节能效果进一步显现。

2014 年，节能服务业总产值达到 2650.37 亿元，较上年增长 22.95%，较 2006 年增长 30 倍左右（图 3 − 5 − 10）；发达地区节能服务发展迅速，截至 2014 年底，上海有通过合同能源管理备案的节能服务企业 430 余家，从业人员 4 万余人。

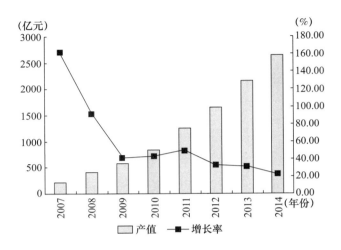

图 3 – 5 – 10　节能服务业发展状况（2006～2014）

资料来源：中国节能协会节能服务产业委员会。

　　2014 年，合同能源管理项目投资额达到 958.76 亿元，较上年增长 29.16%，共实施合同能源管理项目 3905 个；合同能源管理节能效果明显。2014 年，实现节能量 2996.15 万吨标准煤，减排二氧化碳 7490.38 万吨（图 3 – 5 – 11）。

　　（2）环保服务业稳步发展。

　　载体建设加快。2014 年，凌海市城市南部地区（新庄子曹家）污水处理工程、奉化市城区污水处理厂 6 万吨/天污水处理工程、岳西县莲云乡农村生活污水连片治理工程、工业有机废水＋生活污水深度处理工程、快速生化法（RPIR）处理电镀废水新技术示范工程被列为国家重点环境保护实用技术示范工程。同时，认定江苏环保厅等为环境保护服务试点，涵盖了保障政策及环境管理机制、建设项目全过程环境监管机制、环保服务

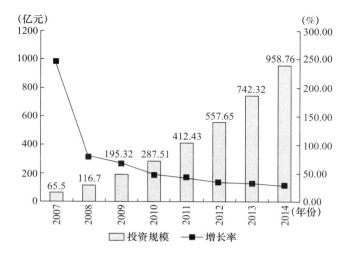

(亿元) (%)

图 3 – 5 – 11　合同能源管理项目投资情况（2006～2014）

资料来源：中国节能协会节能服务产业委员会。

业公共平台构建、第三方运行服务模式及管理要求、环境监测社会化服务、环境金融服务等方面。

　　燃煤电厂烟气催化脱硝关键技术研发及应用、水中 As（Ⅲ）和 As（Ⅴ）一步法去除技术及应用、我国湖库生态安全保障体系建设关键技术及应用、环境污染损害鉴定评估研究、我国流域水环境基准技术方法体系、区域生态资产评估技术方法与应用研究获环境保护科学技术奖一等奖。SMART 小城镇污水处理技术、ZHS 组合式污水处理技术、北方人工湿地污水处理技术、水解酸化 + 生物接触氧化法 + 人工湿地组合工艺处理农村生活污水技术、超磁水体原位生态修复技术、处理生活污水和造纸废水的生物增强技术等被评为国家重点环境保护实用技术。

　　2014 年，全国化学需氧量排放总量 2294.6 万吨，同比下降 2.47%；氨氮排放总量 238.5 万吨，同比下降 2.9%；二氧化硫排放总量 1974.4 万吨，同比下降 3.4%；氮氧化物排放总量 2078 万吨，同比下降 6.7%。

3.5.5 融资租赁与商务服务业

（1）总体发展势头良好。

2014 年，全国租赁和商务服务业完成固定资产投资 7970 亿元，较上年增长 36.2%，占全社会固定资产投资的 1.59%（图 3 – 5 – 12）。

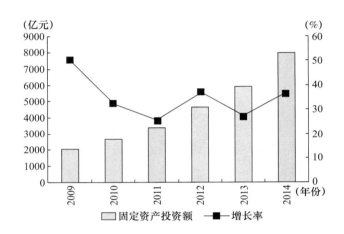

图 3 – 5 – 12　中国商务服务业固定资产投资情况

资料来源：国家统计局。

（2）产业集中度较高。

2014 年，在 99045 家会计师事务所中，前 100 家事务所业务收入达到 394 亿元，占行业总收入 60% 以上；前 4 家会计师事务所业务收入达到 128.1 亿元，占行业总收入 20% 以上[①]。

---

① 资料来源：中国注册会计师协会。

（3）重点行业平稳发展。

2014 年，中国人力资源服务行业市场总体规模达到 1403.9 亿元，2012～2014 年年均复合增长率为 15%；进入全球人力资源服务 50 强的企业 2 家。

2014 年，中国广告经营总额达到 5607 亿元，较上年增长 11.7%；截至 2014 年，中国广告经营单位达 54 万余户，较上年增长 22%；广告从业人员达到 270 余万人，较上年增加近 10 万人。其中，电视台广告营业额为 278.5 亿元，较上年增长 16.11%；广播电台、报社、期刊社广告营业额分别为 132.84 亿元、501.67 亿元、81.62 亿元，较上年分别下降 5.91%、0.60%、6.41%；而互联网广告市场继续强劲增长，广告营业额达到 1565.3 亿元，较上年增长 56.5%（图 3 - 5 - 13）。

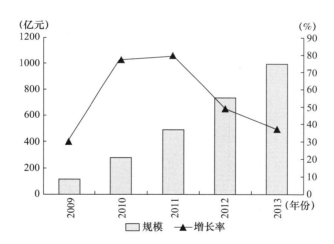

图 3 - 5 - 13　中国互联网广告市场规模（2009～2014）

截至 2014 年 12 月底，全国运营的各类融资租赁公司（不含单一项目融资租赁公司）2202 家，企业注册资金约 6611 亿元。截至 2014 年底，全国融资租赁合同余额约 3.2 万亿元，其中，金融租赁合同余额约 1.39 万亿元。截至 2015 年 6 月底，全国融资租赁企业总数约为 3185 家，行业注册资金 10030 亿元；全国融资租赁合同余额约为 36550 亿元。[①]

---

① 资料来源：中国租赁联盟。

4 地区工业发展

4.1 指数构建

我国工业已进入存量优化、增量提质发展阶段，调结构、转方式、促升级成为现阶段工业发展方向，报告从生产效率、增速效益、绿色发展、技术创新四个维度构建地区工业发展指数，以便于能够比较客观揭示地区工业发展实际情况。生产效率采用 Sequential – Malmquist – Luenberger 生产率指数（下称 SML 指数）进行测度，增速效益使用工业增加值增速、工业增加值率、产值利税率等三个二级指标衡量，绿色发展采用能源效率、废水排放产出强度、废气排放产出强度等三个二级指标分析，技术创新采用 R&D 经费的发明专利产出强度、R&D 人员占比、R&D 强度、新产品产值占比四个指标进行分析（表 4 – 1 – 1）。

表 4 – 1 – 1　地区工业发展指数的指标评价体系

一级指标	二级指标	指标说明	单位
生产效率	Sequential – Malmquist – Luenberger 生产率指数	数据包络分析（DEA）计算	
增速效益	工业增加值增速	工业增加值（可比价）环比增长率	
	工业增加值率	工业增加值/工业总产值	
	产值利税率	利税总额/工业总产值	
绿色发展	能源效率	工业增加值（可比价）/工业能源消费总量	万元/吨标准煤
	废水排放产出强度	工业增加值（可比价）/废水排放量	元/吨
	废气排放产出强度	工业增加值（可比价）/废气排放量	万元/标立方米
技术创新	R&D 经费的发明专利产出强度	发明专利数/R&D 经费支出	件/万元
	R&D 人员占比	R&D 人员/从业人员	
	R&D 强度	R&D 经费支出/主营业务收入	
	新产品产值占比	新产品产值/工业生产总值	

　　测算地区工业发展指数主要步骤包括：第一，采用德尔菲法确定四个评估维度的一级指标基准权重，生产效率、增速效益、绿色发展和技术创新分别为 0.30、0.25、0.15 和 0.30。第二，采用正规化法对二级指标 X 进行无量纲化处理，具体计算公式为：$(X - X_{min}) / (X_{max} - X_{min})$。第三，计算正规化后的二级指标方差，利用相应指标的方差占比赋予二级指标权重，然后将多个二级指标合成一级指标。第四，测算地区工业发展指数。根据一级指标权重，计算出各地区工业发展指数，而后，以 2005 年为基期并以上一年为基期，分别计算各年度定基指数

和环比指数。

由于数据个别年份缺失或统计口径不一致，本报告没有将西藏、香港、澳门、台湾地区纳入分析，最后汇总得到 2005 ~ 2013 年 30 个省（市、区）的数据。报告使用的数据主要来自相关年份《中国统计年鉴》、《中国工业经济统计年鉴》、《中国环境统计年鉴》、《中国能源统计年鉴》和《中国科技统计年鉴》。历年各地区工业增加值利用本地区相应年份工业生产者出厂价格指数进行平减，统一调整到以 2004 年为基期的可比价。

4.2 各地区工业发展特征

现阶段，中国工业下行压力较大，工业增长基础仍不稳固，产能过剩、要素生产上涨、内外需不振等因素继续存在，工业发展难以延续"十一五"时期高增长态势。不过，与"十一五"相比，现阶段中国工业发展步更稳、质更优、路更宽，许多传统行业企业抓住新一轮科技革命和新兴产业发展机遇超前布局转型升级战略。从四大板块看，2013 年，东部、中部、西部和东北地区工业发展定基指数平均值都呈现回升趋势。东北和东部地区工业发展指数涨幅相对较大，定基指数分别为 114.71% 和 114.23%，分别比上年上升 14.67 和 4.63 个百分点；中部和西部定基发展指数涨幅较小，分别较上年增长 0.31 个百分点和 1.57 个百分点。与 2005 年相比，2013 年东部、中部、西部和东北地区工业发展指数分别上升 14.23%、3.99%、2.50% 和 14.71%。2014 年，我国四大板块工业增长出现分化。其中，中部增速最快，为 8.71%；东部和西部增速次之，分别为 6.69% 和 6.67%；东北陷入负增长困境，增速为 –1.19%。2015 年 1～5 月，东部、中部、西部和东北地区工业产品销售收入同比增速分别为 2%、3.3%、1.5% 和 –15.5%；从利税率看，东部和中部工业产品销售收入利税率较 2014 年同期提高 0.48 个百分点、0.19 个百分点，而西部和东北则较 2014 年同期下降 0.79 个百分点、0.82 个百分点。总的来看，"十二五"以来，我国四大板块出现增速和质量分化状态，东部工业增速尽管不及中部或西部，但工业发展水平提升却更为明显；中部和西部工业发展更多地表现为以高投资换取高增长，特别是西部工业增长质量亟待提高；东北工业增速低位运行，增长质量仍不稳定，波动较大（图 4–2–1）。

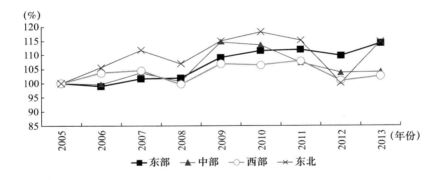

图 4–2–1　2005～2013 年四大板块工业发展定基指数变化

从省（市、区）情况看，2013 年，地区工业发展指数（测算值）排序由高到低排序，北京、天津、广东、上海、陕西、吉林等省（市）在 30 个省（市、区）中列居前六位，甘肃、江西、山西、河南、青海、宁夏等省（市、区）居最后六位。同时，2005～2013 年，吉林、安徽、北京、江苏、贵州、上海等省（市、区）工业发展定基指数增长较快，江西、新疆、内蒙古、河南、青海、四川、广西、湖南等省（区）工业发展指数有所下降。2013 年，除了贵州、福建、重庆、甘肃、湖南、四川、江苏 7 个省（区）外，其他地区工业发展指数都有所上升，环比指数都高于 100。进一步计算，2006～2013 年各省（市、区）工业发展定基指数标准差，结果表明，2005 年以来各地区工业发展定基指数标准差出现一定波动，2013 年各地区工业发展定基指数标准差在过去几年达到最高水平，说明各省（市、区）工业发展水平差距略有扩大（图 4-2-2、图 4-2-3、图 4-2-4）。

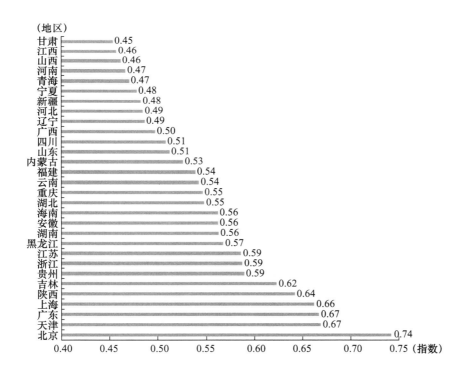

图 4-2-2 2013 年各地区工业发展指数（测算值）

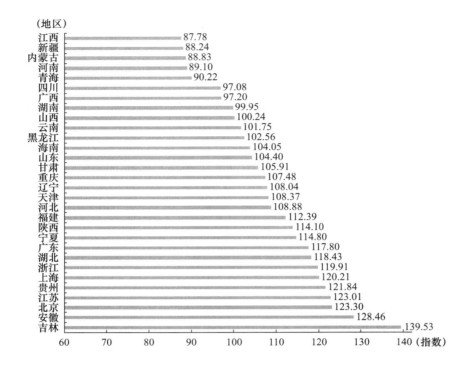

图 4－2－3　2013 年各地区工业发展定基指数

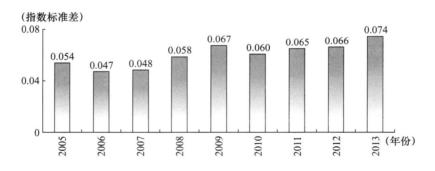

图 4－2－4　各地区工业发展指数标准差变化

4.3　地区工业生产效率

2013 年，东部、中部、西部和东北地区工业 SML 生产率指数平稳增长，平均增长率分别为 8.9%、3.5%、5.5% 和 26.0%。东北地区工业增速尽管有所回落，但工业生产效率"赶超"效应比较明显；而中部和西部工业生产率增长平缓，表明近年来东部地区工业发展已取得"转中有进"效果，中西部地区工业发展可能陷入"高增长、低效率"陷阱，东北地区则出现"低增长、高效率"的另一种情形，可见，我国地区工业发展依然面临不协调、不同步、不可持续的矛盾。从 SML 生产率指数分解结果看，技术进步（STC）对四大板块的 SML 生产率指数增长贡献最大；技术效率（SEC）对东北地区 SML 生产率指数增长贡献最大，对中部地区贡献最小，可见，技术进步和技术效率成为推动东北地区工业 SML 生产率指数增长的"双引擎"。除中部地区之外，2013 年东部、西部和东北地区工业的 SML 生产率指数增长率都超过 2012 年（图 4 - 3 - 1、图 4 - 3 - 2）。

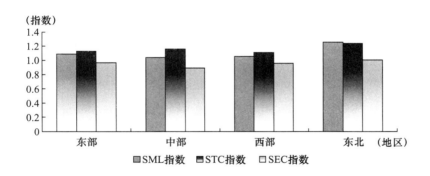

图 4 - 3 - 1 2013 年四大板块工业的 SML 生产率指数及分解

从分省（市、区）看，2013 年，重庆、四川、河南、青海 4 个省（市、区）工业 SML 生产率低于 1，这 4 个省区工业生产率均出现环比下降；福建和江西工业 SML 生产率指数为 1，其工业生产率环比保持不变。除上述 6 个省（市、区）之外，其他地区 SML 生产率指数均大于 1，增幅最大依次为吉林、陕

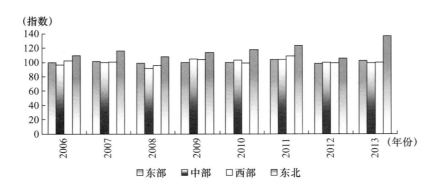

图 4 - 3 - 2　四大板块工业的 SML 生产率定基指数变化

西、广东、黑龙江、上海、贵州、内蒙古、北京、江苏、天津、湖北等省（区），这些省区工业 SML 生产率指数环比增长率超过 10%，而河北、山东、云南、辽宁、湖南、新疆、甘肃和宁夏等地区工业 SML 生产率指数环比增速在 5%～10%。

2005～2013 年，从各地区 SML 生产率指数的变化趋势看，各地区 SML 生产率指数的变化轨迹有较大差异，与上一年 SML 生产率指数相比，除浙江、福建、江西、河南、重庆、四川、贵州等省（市、区）外，其他地区 SML 生产率指数均出现了上升势头。总的来看，相对 2012 年，2013 年我国绝大多数的省区工业 SML 生产率的增长趋势明显（图 4 - 3 - 3、图 4 - 3 - 4）。

根据 2013 年各省（市、区）技术进步（STC）指数是否高于全国平均水平，从横向分为技术进步加快和技术进步减缓两个维度；然后根据各省（市、区）技术效率（STE）是否高于 1.00，从纵向分为技术效率改善和技术效率减弱两个维度。从四个维度视角对 30 个省（市、区）进行考察，从而将这些省（市、区）划分为四组。2013 年，吉林等省（市）工业生产率增长较快，技术进步和技术效率共同推动其工业 SML 生产率指数增长，宁夏、海南、河北、内蒙古、山西、青海、甘肃处于

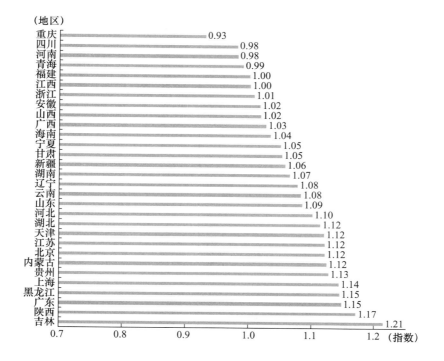

（地区）

地区	指数
重庆	0.93
四川	0.98
河南	0.98
青海	0.99
福建	1.00
江西	1.00
浙江	1.01
安徽	1.02
山西	1.02
广西	1.03
海南	1.04
宁夏	1.05
甘肃	1.05
新疆	1.06
湖南	1.07
辽宁	1.08
云南	1.08
山东	1.09
河北	1.10
湖北	1.12
天津	1.12
江苏	1.12
北京	1.12
内蒙古	1.13
贵州	1.14
上海	1.15
黑龙江	1.15
广东	1.17
陕西	1.21
吉林	

图 4 - 3 - 3　2013 年各地区工业的 SML 生产率指数的排名

二维图的左下象限，受短期效应影响，技术进步减缓和技术效率弱化导致地区工业 SML 生产率指数增长乏力。在经济增速下滑背景下，贵州、陕西、云南、天津、重庆、江西、湖南、广西、辽宁、湖北、山东等省份工业发展面临很大结构调整压力，高投资增长效应滞后、下游市场萎缩、升级转型受阻、产能过剩持续等诸多不利因素影响技术进步增长率。总之，中国工业增长"新常态"势必影响各地区工业生产率增长，各种结构性问题随之显现，市场需求调整效应通过工业生产率变化侧面表现出来（图 4 - 3 - 5）。

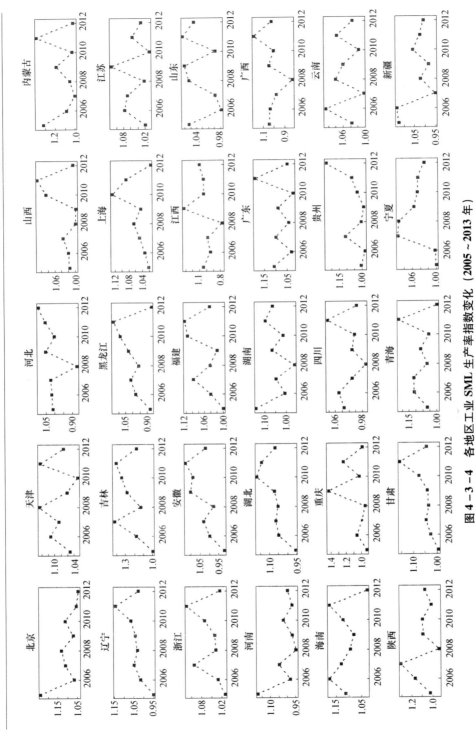

图4-3-4 各地区工业SML生产率指数变化（2005～2013年）

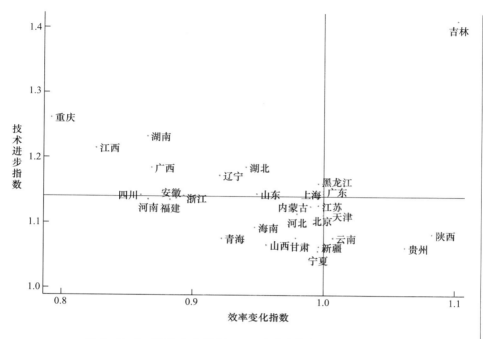

图 4 - 3 - 5　2013 年各地区 SML 生产率指数分解结果分布

4.4　地区工业增速效益

　　2013 年，东部、中部、西部和东北地区工业增速效益定期指数平均值都出现回落，中部地区下降最为明显。东部、中部、西部和东北地区工业增速效益定基指数平均值分别为 77.01%、58.04%、76.36% 和 61.24%。2013 年，东部、西部和东北地区分别较 2012 年下降 8.81、13.45、5.64、9.70 个百分点。工业增加值增速明显下滑是导致四大板块工业增速效益定基指数平均值下降的主要原因，工业增加值率下降进一步加剧这种态势。2014 年，我国工业增速下降非常明显，规模以上工业企业实现主营业务收入增速低于 GDP 增速近 6 个百分点，创历年新低；

2015 年 1～5 月，工业产品销售收入同比增长 1.3%，增速急速回落。以上增速结果表明，中国工业要实现"又好又快"增长难度非常大，工业仍然存在较大下行压力，全面提升工业发展质量将是一个长期、复杂和艰巨的过程（图 4-4-1）。

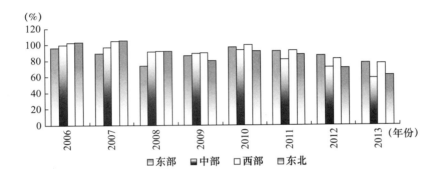

图 4-4-1　四大板块工业增速效益定基指数变化趋势

分省测算结果显示，2013 年，贵州是各省（市、区）工业增速效益定基指数最高的省份，达到 109.25%，这表明 2005～2013 年其发展具有增速快的赶超特点，其余 29 个省（市、区）工业增速效益指数都低于 100%。同时，除贵州和浙江外，其他省（市、区）工业增速效益指数都出现环比下降。2014 年，山西、内蒙古、辽宁和黑龙江 4 个省（区）规模以上工业企业主营业务收入出现负增长现象，只有安徽、福建、江西、河南、广西、重庆、贵州和西藏 8 个省（市、区）增速超过 10%。2015 年 1～5 月，全国工业产品销售收入同比出现二位数负增长的省份为山西（-15.4%）、辽宁（-15.1%）、黑龙江（-16.1%）、甘肃（-12.7%）和新疆（-10.5%），负增长省份扩大到 16 个，包括北京、天津和上海三个直辖市。这表明中国地区工业发展已进入增速放缓、提质增效的新常态，从中

高速艰难地向中高端迈进，实现工业强国战略任务紧迫（图4 –
4 – 2）。

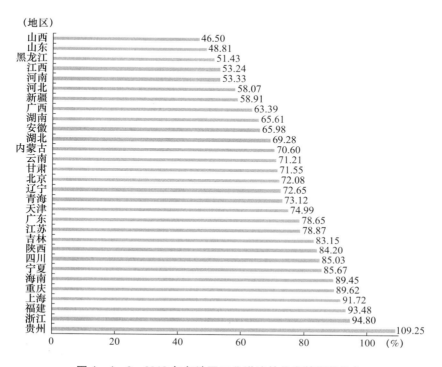

图 4 – 4 – 2　2013 年各地区工业增速效益定基指数排名

4.5　地区工业绿色发展

从四大板块看。四大板块可持续发展明显进步，中部地区
进步最快。2013 年，中部地区绿色发展定基指数平均值最高，
为 390.32%，东部、西部和东北地区绿色发展定基指数平均值
分别为 241.31%、318.44% 和 253.54%。与上一年平均水平相
比，东部、中部、西部和东北地区工业节能减排效果显著，绿
色发展定基指数分别上升 22.37、48.09、28.65 和 19.27 个百分

点，工业绿色发展进入上升阶段，生态文明建设全面推进（图4－5－1）。

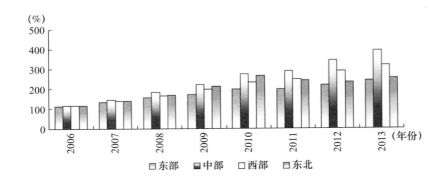

图4－5－1　四大板块工业绿色发展定基指数平均值变化

　　从各省（市、区）情况看，2013年重庆、宁夏、四川、河南、内蒙古、河北、湖北、安徽8个省（市、区）可持续发展进步较快，绿色发展定基指数处于400%～530%，在30个省（市、区）中列居前八位。新疆、黑龙江、青海、山东、上海等省（市、区）可持续发展进步相对较慢，绿色发展定基指数均未超过200%，在30个省（市、区）中列最后五名。其中，新疆是30个省（市、区）中唯一一个绿色发展定基指数低于100%的省份，也是2014年万元工业增加值能耗较上年增长的唯一省份，绝大多数省份工业节能减排效率都取得显著成效。除浙江和新疆等两个省（区）之外，2013年，其他省（市、区）工业绿色发展定基指数都高于2012年平均水平。2014年，万元工业增加值能耗降幅最大省份分别为贵州（－13.39%）、云南（－12.27%）、湖南（－11.90%）和河南（－11.29%），其余省份有不同程度的降幅。① 表明中国地区工业绿色发展理念得到贯彻，相关节能减排指标已发生积极变化，中西部后发地区工业减排潜力较大（图4-5-2）。

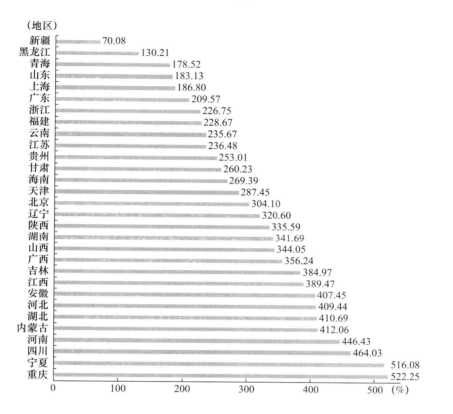

图4-5-2　各地区工业绿色发展定基指数排名

4.6　地区工业技术创新

2013年，东部、中部、西部和东北地区工业技术创新指数继续保持增长态势。东部地区工业技术创新定基指数平均值为

---

①　资料来源：国家统计局对外发布的《2014年分省（区、市）万元地区生产总值能耗降低率等指标公报》。

132.13%，较上年增长 8.37 个百分点，但工业技术创新领先于其他板块。中部、西部和东北地区工业技术创新定基指数平均值分别为 124.17%、116.99% 和 87.19%，分别较上一年下降10.53、10.44、0.48 个百分点。2013 年，四大板块技术创新定基指数平均值均高于上一年平均水平，工业创新投入增加是其中的重要原因（图 4 - 6 - 1）。

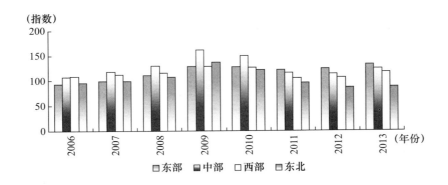

图 4 - 6 - 1　四大板块工业技术创新定基指数值变化

　　从分省测算结果看，2013 年，安徽、新疆、宁夏、北京、山西、浙江、贵州等省（市、区）工业技术创新进步明显，工业技术创新定基指数值处于 160% ～ 200%，在 30 个省（市、区）中位列前七名，中西部地区一些省份工业技术创新水平显著提高，研发投入加大，创新效率上升。江西、吉林、辽宁、重庆、四川、天津等省（市、区）工业技术创新定基指数值都低于 100，工业技术创新水平相对 2005 年有所下降，主要由于创新投入增速滞后于工业增速导致。与 2012 年相比，2013 年，北京、云南、重庆、吉林 4 个省（市、区）工业技术创新定基指数值出现短期性环比下降，其他 26 个省（市、区）工业技术创新定基指数值均表现为环比上涨，可见，绝大多数地区工业技术创新出现增强趋势。总体上看,中国各省(市、区)工业创新投入和创新效率都具有明显的地区差距,这种现象可能在"十三五"时期进一步显现出来,并进一步影响地区工业实现同步转型升级(图4-6-2)。

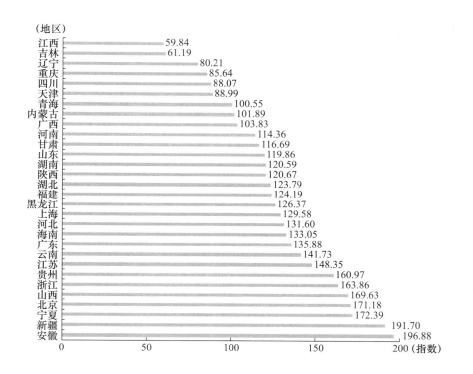

图4-6-2　各地区工业技术创新定基指数值排名

5 产业政策

5.1 转型升级

工业转型升级是我国加快转变经济发展方式的关键所在，是走中国特色新型工业化道路的根本要求，也是实现工业大国向工业强国转变的必由之路。2014 年以来，国家为加快推进工业转型升级出台了一系列政策，并取得了一定成效。

5.1.1 规划引导

（1）规划汇总。

2014 年是全面贯彻落实中共十八届三中全会精神第一年，2015 年是全面深化改革关键之年，也是全面完成"十二五"规划收官之年。2014 年以来我国围绕工业转型升级先后发布了一系列中长期规划，包括总体性规划、行业规划和各种实施方案（如表 5－1－1 所示），以通过规划引导加快推进工业转型升级步伐。

表 5 – 1 – 1　2014 年以来工业领域发布的中长期规划

类型	规划名称
总体规划	《关于积极推进"互联网＋"行动的指导意见》、《中国制造 2025》、《信息化和工业化融合管理体系要求（试行）》、《2015 年工业转型升级重点项目指南》、《增强制造业核心竞争力三年行动计划（2015～2017 年)》
行业规划	《2014～2016 年新型显示产业创新发展行动计划》、《深入实施国家知识产权战略行动计划（2014～2020 年)》、《关于大力发展电子商务加快培育经济新动力的意见》、《关于促进跨境电子商务健康快速发展的指导意见》、《关于促进云计算创新发展培育信息产业新业态的意见》、《关于加快高速宽带网络建设推进网络提速降费的指导意见》、《高技术船舶科研项目指南》
实施方案	《工业质量品牌创新专项行动实施方案》、《关键材料升级换代工程实施方案》、《云计算工程实施方案》、《新型平板显示工程实施方案》、《高性能集成电路工程实施方案》、《宽带中国工程实施方案》、《关于促进国家级经济技术开发区转型升级创新发展的若干意见》、《关于近期支持东北振兴若干重大政策举措的意见》、《关于促进东北老工业基地创新创业发展打造竞争新优势的实施意见》、《关于依托黄金水道推动长江经济带发展的指导意见》

（2）工业转型升级重点项目。

2015 年，为贯彻落实《工业转型升级规划（2011～2015)》《中国制造 2025》等文件精神，根据工业和信息化部《关于贯彻落实〈工业转型升级规划（2011～2015)〉》实施意见要求，围绕重大技术装备和重大工程，促进制造业创新发展、提质增效，工业和信息化部整合原有相关专项，发布了《2015 年工业转型升级重点项目指南》，组织实施 2015 年工业转型升级重点项目。2015 年转型升级资金重点针对制造和"互联网＋"行动支撑保障能力、绿色制造、中药材提升与保障、工业强基 4 大重点领域和中小企业服务体系重点专项（具体如表 5 – 1 –2 所示）。

表 5 - 1 - 2   2015 年工业转型升级重点任务

序号	重点方向	重点任务
1	智能制造和"互联网＋"行动支撑保障能力	安全芯片能力提升及应用方向，大数据应用示范，工业行业工业云应用示范，增材制造，稀土行业两化融合示范
2	绿色制造	重点行业及产品能效提升提示，工业能源管理信息化示范，重点行业节水示范，农药化肥行业安全绿色生产工业示范，熔烧机（球团）烟气脱硫示范
3	中药材提升与保障	中药材生产基地建设，中药材生产服务和供应保障体系建设
4	工业强基	高性能稀土功能材料及器件，关键基础材料，稀土产业技术基础平台，海洋生物基纤维及医疗卫生用纺织品，移动智能终端公共安全技术基础服务平台，智能硬件底层软硬件技术基础服务平台，食品药品产品升级供应保障和安全检测体系
5	重点专项	2015 年中小企业服务体系建设

（3）增强制造业核心竞争力。

2015 年 3 月，国家发展改革委与工信部联合印发《关于做好 2015 年产业振兴和技术改造专项有关工作的通知》，对专项实施方案进行调整，明确了预定目标、工作程序、安排方式、指标参数、时限要求等，简化了申报程序，集中支持战略性、基础性、全局性重大项目。国家发改委产业司之后又制订了《增强制造业核心竞争力三年行动计划（2015～2017 年）》。2015 年 7 月，为加快制造业转型升级，引导社会资本加大投入力度，切实落实《行动计划》以及 6 个重点领域实施方案，国家发展改革委《关于实施增强制造业核心竞争力重大工程包的通知》发布，在轨道交通装备、高端船舶和海洋工程装备、工业机器人、新能源（电动）汽车、现代农业机械、高端医疗器械和药品等重点领域规划了关键技术产业化项目。

（4）智能制造。

2015 年 5 月 19 日，国务院印发《中国制造 2025》，其核心是加快推进制造业创新发展、提质增效，实现从制造大国向制造强国转变。

《中国制造 2025》明确了中国制造未来发展指导思想，即"全面贯彻党的十八大和十八届二中、三中、四中全会精神，坚持走中国特色新型工业化道路，以促进制造业创新发展为主题，以提质增效为中心，以加快新一代信息技术与制造业深度融合为主线，以推进智能制造为主攻方向，以满足经济社会发展和国防建设对重大技术装备的需求为目标，强化工业基础能力，提高综合集成水平，完善多层次多类型人才培养体系，促进产业转型升级，培育有中国特色的制造文化，实现制造业由大变强的历史跨越。"其基本方针是"创新驱动、质量为先、绿色发展、结构优化、人才为本。"九大战略任务和重点如表 5-1-3 所示。

表 5-1-3　中国制造 2025 九大战略任务和重点

序号	战略任务	重点	主要内容
1	提高国家制造业创新能力	完善以企业为主体、市场为导向、政产学研用相结合的制造业创新体系。围绕产业链部署创新链，围绕创新链配置资源链，加强关键核心技术攻关，加速科技成果产业化，提高关键环节和重点领域创新能力	加强关键核心技术研发；提高创新设计能力；推进科技成果产业化；完善国家制造业创新体系；加强标准体系建设；强化知识产权运用
2	推进信息化与工业化深度融合	加快推动新一代信息技术与制造技术融合发展，把智能制造作为两化深度融合主攻方向；着力发展智能装备和智能产品，推进生产过程智能化，培育新型生产方式，全面提升企业研发、生产、管理和服务智能化水平	研究制定职能制造发展战略；加快发展职能制造装备和产品；推动制造过程智能化；深化互联网在制造领域的应用；加强互联网基础设施建设

159

序号	战略任务	重点	主要内容
3	强化工业基础能力	核心基础零部件（元器件）、先进基础工艺、关键基础材料和产业技术基础（以下统称"四基"）等工业基础能力薄弱，是制约我国制造业创新发展和质量提升的症结所在。要坚持问题导向、产需结合、协同创新、重点突破的原则，着力破解制约重点产业发展的瓶颈	统筹推进"四基"发展；加强"四基"创新能力建设；推动整机企业和"四基"企业协同发展
4	加强质量品牌建设	提升质量控制技术，完善质量管理机制，夯实质量发展基础，优化质量发展环境，努力实现制造业质量大幅提升。鼓励企业追求卓越品质，形成具有自主知识产权的名牌产品，不断提升企业品牌价值和中国制造整体形象	推广先进质量管理技术和方法；加快提升产品质量；完善质量监管体系；夯实质量发展基础；推进制造业品牌建设
5	全面推行绿色制造	加大先进节能环保技术、工艺和装备研发力度，加快制造业绿色改造升级；积极推行低碳化、循环化和集约化，提高制造业资源利用效率；强化产品全生命周期绿色管理，努力构建高效、清洁、低碳、循环的绿色制造体系	加快制造业绿色改造升级；推进资源高效循环利用；积极构建绿色制造体系

序号	战略任务	重点	主要内容
6	大力推动重点领域突破发展	瞄准新一代信息技术、高端装备、新材料、生物医药等战略重点，引导社会各类资源集聚，推动优势和战略产业快速发展	新一代信息技术产业（集成电路及专用装备、信息通信设备、操作系统及工业软件）；高档数控机床和机器人（高档数控机床、机器人）；航空航天装备（航空装备、航天装备）；海洋工程装备及高技术船舶；先进轨道交通装备；节能与新能源汽车；电力装备；农机装备；新材料；生物医药及高性能医疗器械
7	深入推进制造业结构调整	推动传统产业向中高端迈进，逐步化解过剩产能，促进大企业与中小企业协调发展，进一步优化制造业布局	稳步化解产能过剩矛盾；促进大中小企业协调发展；优化制造发展布局
8	积极发展服务型制造和生产性服务业	加快制造与服务协同发展，推动商业模式创新和业态创新，促进生产型制造向服务型制造转变。大力发展与制造业紧密相关的生产性服务业，推动服务功能区和服务平台建设	推动发展服务型制造；加快生产性服务业发展；强化服务功能区和公共服务平台建设
9	提高制造业国际化发展水平	统筹利用两种资源、两个市场，实行更加积极的开放战略，将引进来与走出去更好结合，拓展新的开放领域和空间，提升国际合作水平和层次，推动重点产业国际化布局，引导企业提高国际竞争力	提高利用外资与国际合作水平；提升跨国经营能力和国际竞争力；深化产业国际合作，加快企业走出去

5.1.2 自主创新

增强自主创新能力是推动工业转型升级的重要支撑，有利于突破一批重点领域关键共性技术，促进制造业数字化、网络化、智能化，走创新驱动发展道路。自主创新是 2014 年我国产业政策重点。

（1）体制创新促进科技创新。

2014 年 4 月，国家发布《关于 2014 年深化经济体制改革重点任务意见》，指出加快科技体制改革要突出以创新支撑和推动产业结构优化，促进产业由价值链低端向中高端跃升。强化企业在技术创新中的主体地位，鼓励企业设立研发机构，牵头构建产学研协同创新联盟。加大中小企业发展专项资金对科技创新支持力度。充分发挥市场对科技创新导向作用，健全促进科技成果转化和产业化的体制机制。2015 年 5 月，国家发布《关于 2015 年深化经济体制改革重点任务意见》，进一步强调要以体制创新促进科技创新，出台深化体制机制改革，加快实施创新驱动发展战略若干意见和实施创新驱动发展战略顶层设计文件，在一些省份系统推进全面创新改革试验，增设国家自主创新示范区。研究制定支持东北老工业基地创新创业发展实施意见。改革中央财政科技计划管理方式，建立公开统一的国家科技管理平台，制定科研项目和资金管理配套制度。深入推进中央级事业单位科技成果使用、处置和收益管理改革试点，适时总结推广试点政策，修订促进科技成果转化法。健全企业主导的产学研协同创新机制，制定科技型中小企业标准并开展培育工程试点。完善人才评价制度，研究修订国家科学技术奖励条例，制定更加开放的人才引进政策。

（2）培育知识产权运用能力。

2014 年是工业企业知识产权运用能力培育工程（以下简称培育工程）深化实施之年。为贯彻落实中共十八届三中全会关于"加强知识产权运用和保护"精神、国务院《工业转型升级规划（2011～2015 年)》部署、指导和推动各地结合实际开展有关知识产权培育工作，2014 年 1 月，工信部发布《关于做好2014 年工业企业知识产权运用能力培育工程工作的通知》。其工作思路为，"围绕工业转型升级的关键环节，强化企业的主体意识，以工业企业知识产权管理制度建设为重点，着力发挥地方工业和信息化主管部门的推动作用，将知识产权运用能力培育工作与相关政策措施紧密结合，提升企业运用知识产权参与市场竞争的能力。"重点工作包括推动企业建立知识产权管理制度；开展知识产权实务培训；制定《评估指标》，指导试点工作开展评估；开展知识产权运用试点；加大宣传与经验交流力度。

2014 年 12 月，多个部委联合发布《深入实施国家知识产权战略行动计划（2014～2020 年)》，以进一步贯彻落实《国家知识产权战略纲要》，全面提升知识产权综合能力，实现创新驱动发展，推动经济提质增效升级。主要行动包括促进知识产权创造运用，支撑产业转型升级；加强知识产权保护，营造良好市场环境；强化知识产权管理，提升管理效能；拓展知识产权国际合作，推动国际竞争力提升。

2015 年 3 月，工信部进一步发布《关于做好 2015 年工业企业知识产权运用能力培育工程工作的通知》。围绕国家制造业创新体系建设，将企业知识产权运用能力培育工作与"两化融合"、产业转型升级工作结合起来，促进创新成为驱动发展新引擎。总结"培育工程"经验，继续推动企业知识产权管理制度建设，树立企业知识产权运用标杆，发挥典型示范效应，激发企业创新活力和潜力，提升产业核心竞争力。重点工作包括推动工业知识产权协同运用；加强知识产权工作与创新政策措施的结合；组织开展遴选知识产权运用标杆企业；开展"培育工程"总结和评估；加强知识产权培训和经验交流。

2015年4月，工信部办公厅组织开展工业企业知识产权运用示范活动，进一步加强部省互动，集中宣传地方试点工作经验和企业运用知识产权典型案例，在行业内形成示范带动效应，带动工业企业知识产权管理水平和运用能力整体提升，促进工业转型升级相关政策落实和创新环境机制改善，为进一步深化工业和信息化领域创新驱动战略创造有利条件。

（3）增强经开区科技创新驱动能力。

2014年10月，国务院办公厅发布《关于促进国家级经济技术开发区转型升级创新发展的若干意见》，提出要"增强科技创新驱动能力"，包括"国家级经开区要坚持经济与技术并重，把保护知识产权和提高创新能力摆在更加突出的位置。鼓励条件成熟的国家级经开区建设各种形式的协同创新平台，形成产业创新集群。支持国家级经开区创建知识产权试点示范园区，推动建立严格有效的知识产权运用和保护机制。探索建立国际合作创新园，不断深化经贸领域科技创新国际合作。"

（4）建设创新能力平台。

2015年6月，发改委发布《关于实施新兴产业重大工程包的通知》。通过政策引导和适当投资支持，探索政府支持企业技术创新、管理创新、商业模式创新的新机制，增强发展新兴产业、新兴业态动力，拓展新的投资领域，释放消费需求潜力，形成新的经济增长点。2015～2017年，重点开展信息消费、新型健康技术惠民、海洋工程装备、高技术服务业培育发展、高性能集成电路及产业创新能力六大工程建设。

产业创新能力方面。围绕产业转型升级重大需求，以创新型企业培育平台、产业共性技术创新平台、区域创新能力提升平台为载体，"点条块"相结合，构建创新能力支撑体系，促进重点行业、重点区域、重点企业率先实现创新驱动转型。一是开展支持创新型企业试点，探索企业创新发展新机制，增强企业原始创新能力和集成创新能力，加快形成一批有全球影响力的创新领军企业，从"点"上引领产业创新，带动一批企业做强做大。二是构建创新网络，在城市轨道交通、环保、社会公共安全、"互联网＋"、大数据、健康保障、海洋工程、信息消费、智能制造等领域建设一批创新平台，联合现有国家创新平台，形成网络体系，从"条"上突破共性技术瓶颈制约，形成一批服务大众创业、万众创新的公共支撑平台。三是推进创新驱动转型区域示范，聚焦全面创新改革试验区，强化创新能力支撑平台建设，从"块"上推进区域创新转型。

（5）创新驱动区域经济发展。

2015 年 8 月，国务院发布《关于依托黄金水道推动长江经济带发展的指导意见》，提出以创新驱动促进产业转型升级，增强自主创新能力。强化企业技术创新主体地位，引导创新资源向企业集聚，培育若干领军企业。设立新兴产业创业投资基金，激发中小企业创新活力。深化产学研合作，鼓励发展产业技术创新战略联盟。在统筹考虑现状和优化整合科技资源的前提下，布局一批国家工程中心（实验室）和企业技术中心。运用市场化机制探索建立新型科研机构，推动设立知识产权法院。深化科技成果使用、处置和收益权改革。发挥上海张江、武汉东湖自主创新示范区和合芜蚌（合肥、芜湖、蚌埠）自主创新综合试验区的引领示范作用，推进长株潭自主创新示范区建设，推进攀西战略资源创新开发。研究制定长江经济带创新驱动产业转型升级方案。

2014 年 8 月，国务院发布《关于近期支持东北振兴若干重大政策举措的意见》。重要意见之一为紧紧依靠创新驱动发展，总结经验、完善政策，深化科技体制改革，健全区域创新体系，推动经济转型升级。第一，开展产学研用协同创新改革试验；第二，完善区域创新政策；第三，加强创新基础条件建设。

2015 年 6 月，发改委、科技部、人力资源社会保障部以及中科院联合发布了《关于促进东北老工业基地创新创业发展打造竞争新优势的实施意见》，基本原则之一为"创新驱动、转型升级"。在东北地区建立市场导向的技术创新体系，围绕产业链部署创新链，依托"互联网＋"、云计算、大数据等，促进传统产业提质增效，支持新兴产业和新业态大发展，形成发展新动力。创新驱动体现在两个方面，一是完善促进创新创业发展体制机制，包括进一步推进政府简政放权，建立健全产权保护机制，完善科技新资金分配机制，加快社会信用体系建设，深化国有企业改革，提升创新效率，支持民营企业提高创新能力，营造鼓励创新创业文化氛围。二是建立市场导向的技术创新体系，包括以企业为主体推进创新链整合，大力促进高校和科研院所成果转化，建设创新基础平台，打造东北创新创业发展新高地，加强对外创新合作（表 5 – 1 – 4）。

表 5 – 1 – 4　东北振兴重点产业与技术创新联盟

序号	创新联盟	主要内容
1	机器人产业联盟	依托沈阳、哈尔滨等地产业优势和已创建的联盟，突破工业机器人本体、系统集成、设计、试验检测等关键技术
2	轨道交通装备产业技术创新联盟	依托长春、大连、齐齐哈尔等地产业优势和已创建的联盟，完善研发设计、生产制造、实验验证、运用维护和产品标准体系，提升整车集成和后端服务能力

序号	创新联盟	主要内容
3	数控机床高速精密化技术创新战略联盟	依托沈阳、大连、齐齐哈尔等地产业优势和已创建联盟,突破智能数控系统、在线检测、可靠性等关键技术
4	半导体装备产业技术创新战略联盟	依托沈阳、大连、哈尔滨等地产业优势和已创建的联盟,整合研发资源和供应链,攻克集成电路装备关键技术、光电晶体材料高端装备技术,形成紧密的产业配套
5	航空装备产业技术创新联盟	依托沈阳、哈尔滨等地产业优势和已创建联盟,加强干支线飞机、直升机、无人机、通用飞机、航空发动机等研制,突破相应设计、集成和试验测试等关键技术。加强国内航空铝材技术研发和工程化
6	燃气轮机产业技术创新战略联盟	依托哈尔滨、沈阳等地产业优势组建联盟,建立大中小全系列燃气轮机研发、生产制造、试验检测等产业基地
7	现代农牧业机械装备技术创新战略联盟	依托佳木斯、齐齐哈尔、赤峰等地产业优势组建联盟,加快研发和检验检测平台建设,突破大马力动力、高效收获、精密播种、田间管理、饲草料机械及配套零部件关键技术
8	石墨产业技术创新战略联盟	依托鸡西、鹤岗等地产业优势,发展壮大已有联盟,引进高端人才和技术,提升研发、试验测试和产业化水平
9	新能源产业技术创新联盟	依托中科院大连化物所、大连理工大学研发优势组建联盟,突破液流电池、锂电池和质子交换膜燃料电池、核电装备、风电装备等关键技术
10	生物制药技术创新战略联盟	依托长春、哈尔滨、本溪、赤峰、通辽等地产业优势和已创建联盟,构建基因工程、新型疫苗、现代中蒙药等共性技术平台
11	人参及北药、蒙药产业技术创新战略联盟	依托长白山林区、大小兴安岭林区等地资源、产业优势和已创建联盟,深入挖掘人参、刺五加、五味子等中药材药用和食用价值

序号	创新联盟	主要内容
12	马铃薯产业技术创新战略联盟	依托黑龙江、内蒙古等地资源、产业优势和已创建联盟，构建育种、生产、加工、质控、设备研发和产业化平台，促进马铃薯主食产品开发
13	大豆产业技术创新战略联盟	依托黑龙江等地资源、产业优势和已创建联盟，围绕大豆新酶创制与生物制油、蛋白柔性化加工、功能化油脂制备、副产物高效利用等共性关键技术，开展协同创新
14	乳业产业技术创新战略联盟	依托东北地区产业优势和已创建联盟，加强乳制品新工艺、新产品、加工设备、质量控制和安全检测技术研发

5.1.3　两化融合

新一代信息技术与制造业深度融合，正在引发影响深远的产业变革，形成新的生产方式、产业形态、商业模式和经济增长点。2014 年以来，国家制定了一系列信息化和工业化融合的政策文件，推动生产方式改变和产业转型升级。

（1）建设两化融合管理体系。

2014 年 1 月，工信部发布《信息化和工业化融合管理体系要求（试行)》，明确了两化融合的管理体系、管理职责、基础保障、实施过程，以及测评与改进，遴选了 502 家企业作为 2014 年两化融合管理体系贯标试点企业，开展贯标试点工作。为了保证贯标试点顺利进行，2014 年 5 月，工信部又制定了《2014 年两化融合管理体系贯标工作方案》，明确了工作目标、主要任务和时间安排，以及工作要求。提出要加强组织领导、注重统筹协调、全面落实工作责任、加大资金和政策支持、加强沟通交流和学习、总结试点经验等工作要求。

（2）提高经开区信息化水平。

2014 年 10 月，国务院办公厅发布了《关于促进国家级经济技术开发区转型升级创新发展的若干意见》，提出要"提高信息化水平"，包括"支持国家级经开区发展软件和信息服务、物联网、云计算等产业，吸引和培育信息技术重点领域领军企业，利用信息科技手段拓展传统产业链、提升产业增值水平。积极推进国家级经开区统计信息系统应用拓展和功能提升。国家级经开区要保证信息基础设施和其他基础设施同步规划、同步建设。"

（3）推动互联网工程产业化。

2014 年 12 月，发改委、财政部、工信部、科技部等联合发布四个实施方案，包括《云计算工程实施方案》、《新型平板显示工程实施方案》、《高性能集成电路工程实施方案》和《宽带中国工程实施方案》，以加快推进四个互联网产业发展，明确了各个产业的总体思路、工程目标、主要任务、工程内容和保障措施（表 5 - 1 - 5）。

表 5 - 1 - 5　互联网工程产业化的主要任务

序号	互联网工程	产业化的主要任务
1	云计算工程	一是推动公共云服务发展。鼓励骨干云服务企业大力发展公共云服务和大数据服务，开放平台资源，打造协作共赢的云计算服务生态环境，带动云计算应用和技术创新。二是促进专有云技术和应用创新。以重点领域应用带动专有云计算解决方案和关键技术产品创新，形成专有云解决方案良好供给能力。三是提高云计算支撑能力。通过支持云计算信息安全技术产品研发与应用，以及公共支撑条件建设，提高云计算安全保障能力和创新发展支撑能力

序号	互联网工程	产业化的主要任务
2	新型平板显示工程	一是集中优势资源，培育骨干企业。以面板骨干企业为牵引，带动显示产业链整体发展，推动企业成为技术创新决策、研发投入、科研组织、成果转化主体。发挥市场在资源配置中的决定性作用，以企业为主体，资本为纽带，加强垂直整合、促进横向联合。促进技术水平先进、创新体系完善、产品结构丰富、品牌知名度高、全球竞争力强的面板骨干企业做大做强，提高企业经营管理水平和盈利能力。二是夯实产业基础，突破关键技术。着力推进关键共性技术和前瞻性技术研究，鼓励企业开展新产品、新技术、新工艺研发，突破低温多晶硅（LTPS）、氧化物（Oxide）背板工艺大规模生产技术，研发 AMOLED 背板制备、有机成膜、器件封装及相应材料和装备，掌握 AMOLED 规模量产技术。完善显示领域产业公共平台和创新平台建设，大力整合国内相关资源，进行协同创新。三是坚持一体发展，提升配套能力。引导玻璃基板、有机发光材料、液晶、靶材、偏光片、驱动 IC、关键化学品等配套企业，根据面板企业实际需求开发相应技术和产品。鼓励面板企业采购本土化材料，提高本土化配套率。加强面板生产线关键工艺设备研究，鼓励面板企业新建生产线采购本土化设备。以面板企业为主体，实施产业链垂直整合，推动面板企业加强横向合作，对上游产品实现互信互认
3	高性能集成电路工程	面向重大信息化应用、战略性新兴产业发展和国家信息安全保障等重大需求，聚焦重点，加快高性能集成电路产品产业化，支持先进工艺产能建设，推动产业链上下游整合，完善产业生态环境，推动高性能集成电路产品产业化；支持先进工艺产能建设；加强产业链上下游整合；完善公共服务体系
4	宽带中国工程	一是加快宽带网络升级改造。加快农村地区宽带普及和提速，推进城市地区光纤宽带网络部署。二是提升宽带用户体验。引导网站能力升级，增强网络内容分发能力，优化骨干网互联架构。三是提升宽带技术创新水平和产业支撑能力。突破关键核心技术，提升产业自主能力

（4）促进网络零售健康发展。

为了促进网络零售健康发展，商务部于 2014 年 12 月通过《网络零售第三方平台交易规则制定程序规定（试行）》，并于 2015 年 4 月开始施行。2014 年 5 月，发改委和中国人民银行联合发布《关于组织开展移动电子商务金融科技服务创新试点工作的通知》，指出要推动移动金融安全可信公共服务平台建设。

（5）大力发展电子商务。

2015 年 5 月，国务院发布的《关于大力发展电子商务加快培育经济新动力的意见》对于推动转型升级也有重要意义，主要表现在创新工业生产组织方式。支持生产制造企业深化物联网、云计算、大数据、三维（3D）设计及打印等信息技术在生产制造各环节的应用，建立与客户电子商务系统对接的网络制造管理系统，提高加工订单响应速度及柔性制造能力；面向网络消费者个性化需求，建立网络化经营管理模式，发展"以销定产"及"个性化定制"生产方式。鼓励电子商务企业大力开展品牌经营，优化配置研发、设计、生产、物流等优势资源，满足网络消费者需求。鼓励创意服务，探索建立生产性创新服务平台，面向初创企业及创意群体提供设计、测试、生产、融资、运营等创新创业服务。

2015 年 6 月，国务院办公厅发布《关于促进跨境电子商务健康快速发展的指导意见》，《意见》支持跨境电子商务发展，有利于用"互联网＋外贸"实现优进优出，发挥我国制造业大国优势，扩大海外营销渠道，合理增加进口，扩大国内消费，促进企业和外贸转型升级；有利于增加就业，推进大众创业、万众创新，打造新的经济增长点；有利于加快实施共建"一带一路"等国家战略，推动开放型经济发展升级。《意见》包括：支持国内企业更好利用电子商务开展对外贸易；鼓励有实力企业做大做强；优化配套海关监管措施；完善检验检疫监管政策措施；明确规范进出口税收政策；完善电子商务支付结算管理；提供积极财政金融支持；建设综合服务体系；规范跨境电子商务经营行为；充分发挥行业组织作用；加强多双边国际合作；加强组织实施。

（6）建设信息消费工程。

2015年6月，发改委发布的《关于实施新兴产业重大工程包的通知》提出。"2015至2017年，重点开展信息消费、新型健康技术惠民、海洋工程装备、高技术服务业培育发展、高性能集成电路及产业创新能力六大工程建设。"在信息消费工程方面，从民生信息服务、空间技术应用和信息安全三方面入手，加快破解当前体制机制和传统环境下民生服务的突出难题和政策瓶颈、突破一批关键技术，促进新技术和新商业模式的应用。一是开展重点领域民生服务示范应用，创新公共服务供给模式，增强民生服务供给能力，释放民生信息消费需求、有效提升公共服务均等普惠水平。二是推进卫星遥感、卫星通信、卫星导航的综合应用以及卫星与其他信息技术和服务的融合应用，发挥我国空间基础设施辐射带动作用，推动卫星应用产业自主创新和市场化、规模化发展，为经济社会创新提供有力支撑。三是开展重点领域信息安全示范应用，提高我国关键基础设施网络安全综合保障能力和水平，提升重要信息系统安全可控能力。

（7）以"互联网＋"提升产业发展。

在全球新一轮科技革命和产业变革中，互联网与各领域的融合发展具有广阔前景和无限潜力。2015年1月，国务院发布的《关于促进云计算创新发展培育信息产业新业态的意见》提出，要增强云计算服务能力、提升云计算自主创新能力、探索电子政务云计算发展新模式、加强大数据开发与利用、统筹布局云计算基础设施、提升安全保障能力。2015 年 5 月，国务院办公厅发布的《关于加快高速宽带网络建设推进网络提速降费的指导意见》具有两方面作用：一是壮大信息消费、拉动有效投资，促进新型工业化、信息化、城镇化和农业现代化同步发展。二是降低创业成本，为打造大众创业、万众创新和增加公共产品、公共服务"双引擎"，推动"互联网＋"发展提供有力支撑。

2015 年 7 月，国务院发布的《关于积极推进"互联网＋"行动的指导意见》明确了行动要求，重点行动和保障措施。其总体思路为"顺应世界'互联网＋'发展趋势，充分发挥我国互联网的规模优势和应用优势，推动互联网由消费领域向生产领域拓展，加速提升产业发展水平，增强各行业创新能力，构筑经济社会发展新优势和新动能。坚持改革创新和市场需求导向，突出企业的主体作用，大力拓展互联网与经济社会各领域融合的广度和深度。着力深化体制机制改革，释放发展潜力和活力；着力做优存量，推动经济提质增效和转型升级；着力做大增量，培育新兴业态，打造新的增长点；着力创新政府服务模式，夯实网络发展基础，营造安全网络环境，提升公共服务水平。"其重点行动计划如表 5 - 1 - 6 所示。

表 5 - 1 - 6　"互联网＋"重点行动计划

序号	重点行动	主要内容	具体方面
1	"互联网＋"创业创新	充分发挥互联网创新驱动作用，以促进创业创新为重点，推动各类要素资源聚集、开放和共享，大力发展众创空间、开放式创新等，引导和推动全社会形成大众创业、万众创新的浓厚氛围，打造经济发展新引擎	强化创业创新支撑；积极发展众创空间；发展开放式创新

序号	重点行动	主要内容	具体方面
2	"互联网+"协同制造	产业链协作，发展基于互联网的协同制造新模式。在重点领域推进智能制造、大规模个性化定制、网络化协同制造和服务型制造，打造一批网络化协同制造公共服务平台，加快形成制造业网络化产业生态体系	大力发展智能制造；发展大规模个性化定制；提升网络化协同制造水平；加速制造业服务化转型
3	"互联网+"现代农业	利用互联网提升农业生产、经营、管理和服务水平，培育一批网络化、智能化、精细化的现代"种养加"生态农业新模式，形成示范带动效应，加快完善新型农业生产经营体系，培育多样化农业互联网管理服务模式，逐步建立农副产品、农资质量安全追溯体系，促进农业现代化水平明显提升	构建新型农业生产经营体系；发展精准化生产方式；提升网络化服务水平；完善农副产品质量安全追溯体系
4	"互联网+"智慧能源	通过互联网促进能源系统扁平化，推进能源生产与消费模式革命，提高能源利用效率，推动节能减排。加强分布式能源网络建设，提高可再生能源占比，促进能源利用结构优化。加快发电设施、用电设施和电网智能化改造，提高电力系统安全性、稳定性和可靠性	推进能源生产智能化；建设分布式能源网络；探索能源消费新模式；发展基于电网的通信设施和新型业务
5	"互联网+"普惠金融	形成互联网信息通信系统。统筹部署电网和通信网深度融合的网络基础设施，实现同缆传输、共建共享，避免重复建设。鼓励依托智能电网发展家庭能效管理等新型业务	探索推进互联网金融云服务平台建设；鼓励金融机构利用互联网拓宽服务覆盖面；积极拓展互联网金融服务创新深度和广度

序号	重点行动	主要内容	具体方面
6	"互联网＋"益民服务	充分发挥互联网高效、便捷优势，提高资源利用效率，降低服务消费成本。大力发展以互联网为载体、线上线下互动的新兴消费，加快发展基于互联网的医疗、健康、养老、教育、旅游、社会保障等新兴服务，创新政府服务模式，提升政府科学决策能力和管理水平	创新政府网络化管理和服务； 发展便民服务新业态； 推广在线医疗卫生新模式； 促进智慧健康养老产业发展； 探索新型教育服务供给方式
7	"互联网＋"高效物流	加快建设跨行业、跨区域的物流信息服务平台，提高物流供需信息对接和使用效率。鼓励大数据、云计算在物流领域的应用，建设智能仓储体系，优化物流运作流程，提升物流仓储自动化、智能化水平和运转效率，降低物流成本	构建物流信息共享互通体系； 建设深度感知智能仓储系统； 完善智能物流配送调配体系
8	"互联网＋"电子商务	巩固和增强我国电子商务发展领先优势，大力发展农村电商、行业电商和跨境电商，进一步扩大电子商务发展空间。电子商务与其他产业融合不断深化，网络化生产、流通、消费更加普及，标准规范、公共服务等支撑环境基本完善	积极发展农村电子商务； 大力发展行业电子商务； 推动电子商务应用创新； 加强电子商务国际合作
9	"互联网＋"便捷交通	加快互联网与交通运输领域深度融合，通过基础设施、运输工具、运行信息等互联网化，推进基于互联网平台便捷化交通运输服务发展，显著提高交通运输资源利用效率和管理精细化水平，全面提升交通运输行业服务品质和科学治理能力	提升交通运输服务品质； 推进交通运输资源在线集成； 增强交通运输科学治理能力

序号	重点行动	主要内容	具体方面
10	"互联网+"绿色生态	推动互联网与生态文明建设深度融合，完善污染物监测及信息发布系统，形成覆盖主要生态要素的资源环境承载能力动态监测网络，实现生态环境数据互联互通和开放共享。充分发挥互联网在逆向物流回收体系中的平台作用，促进再生资源交易利用便捷化、互动化、透明化，促进生产生活方式绿色化	加强资源环境动态监测；发展智慧环保；完善废旧资源回收利用体系；建立废弃物在线交易系统

（8）两化融合促进东北振兴。

2015年6月，发改委、科技部、人力资源社会保障部，以及中科院联合发布的《关于促进东北老工业基地创新创业发展打造竞争新优势的实施意见》提出，通过两化融合促进传统制造业提质增效。加快推进新一代信息技术与制造业深度融合，促进工业互联网、云计算、大数据在企业研发设计、生产制造、经营管理、销售服务等全流程和全产业链的综合集成应用。2014年8月，国务院发布《关于近期支持东北振兴若干重大政策举措的意见》提出，需要推进工业化与信息化融合发展。加快信息化与工业化深度融合，适度超前建设智能化、大容量骨干传输网络，加快沈阳互联网骨干直联点建设，依托哈尔滨区域性国际通信业务出入口局，扩容中俄、中蒙跨境信息通道。支持东北地区开展工业化与信息化融合发展试点，用信息技术改造提升制造业。培育发展新一代信息技术、云计算、物联网等产业。

（9）两化融合推动长江经济带发展。

2015年8月，国务院发布《关于依托黄金水道推动长江经济带发展的指导意见》提出，推进信息化与产业融合发展，支持沿江地区加快新一代信息基础设施建设，完善上海、南京、武汉、重庆、成都等骨干节点，进一步加强网间互联互通，增加中上游地区光缆路由密度。大力推进有线和无线宽带接入网建设，扩大 4G 网络覆盖范围。推进沿江下一代互联网示范城市建设，优化布局数据中心，继续完善上海、云南面向国际的陆海缆建设。充分利用互联网、物联网、大数据、云计算、人工智能等新一代信息技术改造提升传统产业，培育形成新兴产业，推动生产组织、企业管理、商业运营模式创新。推动沿江国家电子商务示范城市建设，加快农业、制造业和服务业电子商务应用。

5.1.4 质量品牌

质量品牌建设是促进工业有质量、有效益增长的重要抓手，是推动工业转型升级的重要内容。

（1）建设工业质量品牌。

2014 年 2 月，工信部发布了《关于 2014 年工业质量品牌建设工作的通知》。其重点工作内容包括，实施工业质量品牌创新专项行动；推进标准贯彻，提高企业质量信誉水平；深化推广先进质量管理方法；深化工业品牌培育；促进工业产品实物质量提升；改善质量政策、社会和市场环境。《工业质量品牌创新专项行动实施方案》的指导思想是，"贯彻落实全国工业和信息化工作会议精神，实施专项行动，引导企业创新品牌培育模式和人才培养机制，构建企业品牌与区域品牌培育互动发展模式；通过质量标杆学习实践，推动工业企业质量管理创新；以宣传和交流为手段，塑造我国工业企业质量品牌的国际形象；推进企业知识产权管理制度建设，提升工业知识产权运用能力；提高钟表、家电、服装等消费品自主品牌竞争力，提振婴幼儿配方乳粉品牌信誉形象，增强消费信心。"

为落实工业和信息化部《关于加强2014年工业质量品牌建设工作的通知》，2014年4月，工信部办公厅发布《关于开展2014年质量标杆活动的通知》和《关于开展2014年工业企业品牌培育工作的通知》。质量标杆活动在全国工业和信息化系统开展"质量标杆"学习实践活动，推广"质量标杆"经验交流。工业企业品牌培育则是实施工业质量品牌创新专项行动，增强企业品牌管理能力，提升品牌竞争力和价值，以"2014年，在1000家企业推广品牌培育管理体系，指导300家企业有效运行，培育100家企业示范企业"为目标。

（2）建设产业集群区域品牌。

2014年3月，工信部发布《关于开展产业集群区域品牌建设试点示范工作的通知》，其总体要求为"到2015年，在全国建设50个左右区域品牌培育示范区。通过试点先行、示范引领，发挥政府、行业、专业机构和广大企业主体的合力作用，统筹策划组织、协调政策资源、部署品牌建设，加快培育一批知名度高、美誉度好、竞争力强、附加值高的区域品牌，树立一批取得经验和成果的区域品牌建设示范区，发挥示范带动效应。"试点示范工作内容包括开展区域品牌策划和设计、监理品牌相关评价制度、支持行业组织发挥作用、引导企业参与品牌建设、夯实品牌发展基础、加强区域品牌信誉和风险管理、打造营销和宣传平台。

（3）关键材料升级换代。

2014年10月，国家发展改革委、财政部、工业和信息化部会同科技部、中国科学院、中国工程院、国家知识产权局等部门和单位联合制定了《关键材料升级换代工程实施方案》，以推进新材料产业的发展。按照"需求牵引、创新驱动、企业主体、政府引导"发展思路,紧紧围绕支撑我国新一代信息技术、节能环保、海洋工程、先进轨道交通等战略性新兴产业发展和国民经济重大工程建设需求,明确工程目标,突出支持重点,选择一批产业发展急需、市场潜力巨大且前期基础较好的关键新材料,支持产业链上下游优势互补与协同合作,加快新材料技术创新成果产业化和规模应用,提升我国新材料产业化和规模应用能力与效率,促进一批新材料企业形成持续创新发展能力,推动我国新材料产业做大做强。

5.1.5 升级布局

优化产业布局可以引导产业转型升级和分工协作,促进产业转移和生产要素跨区域合理流动和优化配置,推动经济提质增效升级。2014 年以来,国家在中国制造业全局、区域经济、经济开发区等角度提出了一系列产业升级布局政策。

(1)推动长江经济带产业协同发展。

2014 年 8 月,国务院发布了《关于依托黄金水道推动长江经济带发展的指导意见》。引导产业有序转移和分工协作。按照区域资源禀赋条件、生态环境容量和主体功能定位,促进产业布局调整和集聚发展。在着力推动下游地区产业转型升级的同时,依托中上游地区广阔腹地,增强基础设施和产业配套能力,引导具有成本优势的资源加工型、劳动密集型产业和具有市场需求的资本、技术密集型产业向中上游地区转移。支持和鼓励开展产业园区战略合作,建立产业转移跨区域合作机制,以中上游地区国家级、省级开发区为载体,建设承接产业转移示范区和加工贸易梯度转移承接地,推动产业协同合作、联动发展。借鉴负面清单管理模式,加强对产业转移的引导,促进中上游特别是三峡库区产业布局与区域资源生态环境相协调,防止出现污染转移和环境风险聚集，避免低水平重复建设。

2015 年 4 月，发改委发布的《关于印发长江中游城市群发展规划的通知》提出，要打造长江中下游城市群产业协同发展局面。依托产业基础，发挥比较优势，强化分工协作，联合开展科技创新，加快产业转型升级，淘汰落后过剩产能，共同承接产业转移，不断提升产业和产品竞争力，打造一批有较强竞争力的优势产业基地，构建具有区域特色的现代产业体系。2015 年 6 月，发改委又发布《关于建设长江经济带国家级转型升级示范开发区的实施意见》指出，以示范开发区为引领和示范，推动长江经济带产业优化升级，实现长江上中下游地区良性互动，逐步形成以示范开发区为主、省级开发区为辅，且分工合理、特色鲜明、优势互补的长江经济带产业协同发展格局。

（2）促进东北老工业基地创新创业发展。

2014 年 8 月，国务院发布《关于近期支持东北振兴若干重大政策举措的意见》提出，为全面提升产业竞争力，要进一步调整优化生产力布局，加快改造提升传统产业，积极发展战略性新兴产业，大力发展现代服务业，构建产业发展新格局。完善城市功能，支持城区老工业区和独立工矿区搬迁改造，促进资源型城市转型，建设宜产宜居的现代城市。

2015 年 6 月，发改委、科技部、人力资源社会保障部，以及中科院联合发布《关于促进东北老工业基地创新创业发展打造竞争新优势的实施意见》指出，支持沈阳、大连、长春、哈尔滨、齐齐哈尔、葫芦岛等地先进装备制造业发展，在电力装备、轨道交通、造船、海工装备等领域形成一批世界级产业基地。支持打造阜新液压、丹东仪器仪表、铁岭和四平专用车、大庆石油石化装备、霍林郭勒高端铝材等产业集群。推动在沈阳、大连、哈尔滨设立军民融合发展示范园区工作，发展军民两用高技术产业，积极布局国家大型军工项目，形成从主机到配套的完整产业链。

（3）优化经开区产业结构和布局。

2014 年 10 月，国务院办公厅发布《关于促进国家级经济技术开发区转型升级创新发展的若干意见》提出，要"优化产业结构和布局"，按照新型工业化要求，以提质增效升级为核心，协调发展先进制造业和现代服务业。大力推进科技研发、物流、服务外包、金融保险等服务业发展，增强产业集聚效应。在培育战略性新兴产业的同时，因地制宜确定重点领域，避免同质化竞争。

5.2　行业规制

行业规制是实现资源配置效率提升、产业协调可持续发展的重要政策工具，是新常态下推动企业提质增效和转型升级的重要举措。2014 年以来，国家依据经济发展形势新变化，更加注重发挥行业规制在产业结构调整、产业素质提升和发展方式转变中的作用，创新行业规制政策，不断提升行业规制效果，推动产业发展更加集约、高效和可持续。

5.2.1　行业准入

2014 年以来，国家进一步加强行业准入管理，从完善重点行业准入条件、加强行业准入公告管理、健全车辆生产企业及产品准入管理政策等方面引导和规范行业投资行为，促进行业实现技术、质量、安全、能效、排放的优化升级。

（1）完善重点行业准入条件

2014 年以来，国家对重点行业出台了一系列准入条件政策，提高这些行业准入门槛。具体来说，发布了《联合收割（获）机和拖拉机行业规范条件（2015 年修订）》、《制革行业规范条件》、《电石行业准入条件（2014 年修订）》、《高强度紧固件行业规范条件》、《海洋工程装备（平台类）行业规范条件》、《汽车动力蓄电池行业规范条件》、《光伏制造行业规范条件（2015 年本）》、《再生化学纤维（涤纶）行业规范条件》、《锂离子电池行业规范条件》、《钢铁行业规范条件（2015 年修订）》和《钢铁行业规范企业管理办法》、《焦化行业准入条件（2014 年修订）》、《轮胎行业准入条件》、《耐火材料行业规范条件（2014 年本）》、《平板玻璃行业规范条件（2014 年本）》、《铅锌行业规范条件（2015）》、《热处理行业规范条件》、《水泥行业规范条件（2015 年本）》、《铜冶炼行业规范条件》、《温石棉行业准入标准》、《半焦（兰炭）企业焦化准入基本技术条件》。

（2）加强行业准入公告管理。

2014 年以来，国家针对重点行业，进一步完善准入公告管理制度，印发了《关于继续做好黄磷生产企业准入公告管理工作的通知》、《关于进一步加强焦化生产企业公告管理工作的通知》、《关于做好 2014 年印染企业准入公告管理工作的通知》、《耐火材料行业规范公告管理办法》、《建筑卫生陶瓷行业准入公告管理暂行办法》、《轮胎生产企业公告管理暂行办法》和《电石生产企业公告管理办法》。在此基础上，根据相关行业准入条件和公告管理要求，发布了符合《合成氨行业准入条件》企业名单（第一批）、符合《玻璃纤维行业准入条件》企业名单（第一批、第二批）、符合《船舶行业规范条件》企业名单（第一批、第二批）、符合《船舶行业规范条件》企业名单（第一批）、符合《废钢铁加工行业准入条件》企业名单（第二批）、符合《氟化氢行业准入条件》企业名单（第二批）、符合《钢铁行业规范条件》企业名单（第二批、第三批）、符合《建筑防水卷材行业准入条件》生产线名单（第二批）、符合《联合收割（获）机和拖拉机行业准入条件》的企业名单（第二批）、符合《磷铵行业准入条件》企业名单（第二批）、符合《轮胎翻新行业准入条件》和《废轮胎综合利用行业准入条件》企业名单（第一批、第二批）、符合《铝行业规范条件》企业名单（第一批、第二批）、符合《平板玻璃行业准入条件》生产线名单（第六批、第七批）、符合《水泥行业准入条件》生产线名单（第五批、第六批、第七批、第八批）、符合《稀土行业准入条件》的企业名单（第五批）、符合《岩棉行业准入条件》生产线名单（第一批、第二批）、符合《铸造行业准入条件》的企业名单（第一批）、符合《再生铅行业准入条件》企业名单（第一批）、符合《光伏制造行业规范条件》企业名单（第二批、第三批、第四批）、符合《黄磷行业准入条件》企业名单（第二批、第三批）、符合《印染行业准入条件（2010 年修订版)》企业名单（第二批）、符合《焦化行业准入条件》的企业名单（第九批）、符合《铁合金及电解金属锰行业准入条件》的企业名单（第五批、第六批）、符合《铜冶炼行业规范条件》企业名单（第二批）。

（3）健全车辆生产企业及产品准入管理政策。

2014 年以来，国家加强对小微型面包车、摩托车、罐式车辆、低速货车、新生产机动车准入管理和规范管理，加强车辆生产企业及产品准入公告管理，进一步推动汽车产业健康有序发展。2014 年 8 月，环保部等五部门下发《关于印发新生产机动车环保达标监管工作方案的通知》，决定在全国范围联合开展新生产机动车环保达标监督检查工作，要求有关部门积极组织开展监督检查，以中重型柴油车为重点，在新车型检测、生产、销售、注册登记等环节开展联合执法专项行动。同月，工业和信息化部印发《关于贯彻〈罐式车辆生产企业及产品准入管理要求〉的通知》，对罐式车辆生产企业准入工作和罐式车辆产品准入工作做出详细安排，要求完善生产一致性保证体系、建立罐式车辆产品追溯体系、强化生产一致性监督检查，提高罐式运输车辆产品质量和安全性能。2014 年 10 月，工业和信息化、公安部联合下发《关于加强小微型面包车、摩托车生产和登记管理工作的通知》，要求提高小微型面包车安全技术性能，加强小微型面包车、摩托车生产管理，严格小微型面包车、摩托车登记管理。2014 年 11 月，工业和信息化部下发《关于开展低速货车生产企业及产品升级并轨工作的通知》，对低速货车生产企业及产品升级并轨做出明确规定，以进一步推动道路机动车辆节能减排和安全水平的提高。此外，工业和信息化还根据相关准入管理规定，2014 年公布了 12 批许可的车辆生产企业及产品（第 256 批—第 267 批），2015 年上半年已经公布 6 批许可的车辆生产企业及产品（第 268 批—第 273 批）。

5.2.2 淘汰落后和过剩产能

2014 年以来，国家将淘汰落后和过剩产能置于产业政策更突出位置，进一步强化淘汰落后和过剩产能目标管理、监督检查管理、产能置换管理和工作协调与经验交流，推动重点行业淘汰落后和过剩产能取得实质性进展。

（1）明确和分解年度淘汰落后和过剩产能目标任务。

2014 年 5 月，工业和信息化部向各地下达 2014 年淘汰落后和过剩产能任务，其中炼铁 1900 万吨、炼钢 2870 万吨、焦炭

1200 万吨、铁合金 234.3 万吨、电石 170 万吨、电解铝 42 万吨、铜（含再生铜）冶炼 51.2 万吨、铅（含再生铅）冶炼 11.5 万吨、水泥（熟料及磨机）5050 万吨、平板玻璃 3500 万重量箱、造纸 265 万吨、制革 360 万标张、印染 10.84 亿米、化纤 3 万吨、铅蓄电池（极板及组装）2360 万千伏安时、稀土（氧化物）10.24 万吨。与《政府工作报告》确定的目标相比，钢铁行业淘汰任务超 170 万吨，水泥行业超 850 万吨，其他行业任务量与 2013 年相比也有较大幅度增加。在此基础上，工业和信息化部还先后公告三批 2014 年工业行业淘汰落后和过剩产能企业名单。2015 年上半年，工业和信息化部也印发了《关于下达 2015 年重点行业淘汰落后和过剩产能目标任务的通知》，向各地下达 2015 年淘汰落后和过剩产能任务。

（2）加强淘汰落后和过剩产能检查考核。

2014 年 4 月，部际协调小组成员单位分 10 个小组对 2013 年各地淘汰落后产能工作进行考核，并在 11 月由工业和信息化部、国家能源局联合发布《2013 年全国淘汰落后产能目标任务完成情况》。2015 年 2 月，工业和信息化部印发《关于进一步做好淘汰落后和过剩产能检查验收工作的通知》，要求分类处理，确保淘汰的主体设备（生产线）不具备恢复生产条件；严格要求，切实做好检查验收工作；加强配合，做好日常监管和企业职工安置。2015 年 4 月，部际协调小组成员单位分 10 个小组对 2014 年各地淘汰落后产能工作进行了考核。

（3）推进产能等（减）量置换工作。

2014 年 7 月，工业和信息化部下发《关于做好部分产能严重过剩行业产能置换工作的通知》，要求做好钢铁、电解铝、水泥、平板玻璃行业产能置换工作，印发了《部分产能严重过剩行业产能置换实施办法》，对钢铁、电解铝、水泥、平板玻璃行业置换产能确定、产能置换指标交易、置换方案内容和确认、置换方案监督落实等进行了明确规定。同月，工业和信息化部还下发了《关于部分产能严重过剩行业在建项目产能置换有关事项的通知》，指导和规范各地做好钢铁、电解铝、水泥、平板玻璃行业在国家发展改革委、工业和信息化部《关于坚决遏制产能严重过剩行业盲目扩张的通知》印发前，未经国家核准的在建项目产能置换。2015 年 3 月，工业和信息化部印发的《关于水泥行业产能置换有关问题的意见》提出，水泥粉磨站新（改、扩）建和在建项目，可不制定产能等量或减量置换方案，依据本地区水泥工业结构调整方案优化布局；经省级工业主管部门审批已实施 JT 窑技术改造，并经省级行业协会等组织鉴定的 JT 窑，可用于水泥熟料新（改、扩）建项目产能置换。4月，工业和信息化部下发《关于印发部分产能严重过剩行业产能置换实施办法的通知》，要求钢铁（炼钢、炼铁）、电解铝、水泥（熟料）、平板玻璃等产能严重过剩行业项目建设，须制定产能置换方案，实施等量或减量置换，在京津冀、长三角、珠三角等环境敏感区域实施减量置换，同时对这些行业置换产能确定、产能置换指标交易、置换方案内容和确认、置换方案监督落实等进行了明确规定。

（4）加强淘汰落后和过剩产能协调工作与经验交流。

从淘汰落后和过剩产能部际协调看，2014 年 4 月，淘汰落后产能工作部际协调小组第五次会议召开，通报了协调小组成员变动情况，审议确定了 2014 年重点行业淘汰落后和过剩产能目标任务，研究部署下一步重点工作。2015 年 9 月，工业和信息化部召开淘汰落后产能工作部际协调小组办公室会议，研讨"十三五"淘汰落后和压缩过剩产能工作思路。从淘汰落后和过剩产能经验交流看，2014 年 8 月，工业和信息化部在贵州召开北京、天津、山西、山东等 16 省（区、市）淘汰落后产能工作经验交流会，剖析了淘汰落后和过剩产能工作面临的新形势、新要求，部署了下一步重点工作。北京、天津、山西、山东等 16 省（区、市）工业和信息化主管部门会议代表交流了本地区工作进展情况和经验做法，提出了下一步工作建议。2015 年 5 月，工业和信息化部在四川召开淘汰落后产能办法研讨会，介绍了制定淘汰落后产能办法的背景、依据、主要思路和相关考虑，解读了淘汰落后产能办法（讨论稿）主要内容。15 个省（区、市）工业和信息化主管部门结合各自工作实际，对淘汰落后产能办法（讨论稿）进行了研讨，提出了修改意见和建议。

5.2.3 节能减排

2014 年以来，国家进一步加大节能减排工作力度，从工作部署、指标细化、监督检查、专项行动、目录指导等方面推动节能减排工作朝纵深方向发展，以保证全面完成"十二五"节能减排降碳目标。

（1）加强节能减排工作规划与部署。

2014 年 5 月，国务院办公厅印发了《2014－2015 年节能减排低碳发展行动方案》，提出 2014～2015 年，单位 GDP 能耗、化学需氧量、二氧化硫、氨氮、氮氧化物排放量分别逐年下降 3.9%、2%、2%、2%、5% 以上，单位 GDP 二氧化碳排放量，两年分别下降 4%、3.5% 以上。为此，要求大力推进产业结构调整，加快建设节能减排降碳工程，狠抓重点领域节能降碳，强化技术支撑，进一步加强政策扶持，积极推行市场化节能减排机制，加强监测预警和监督检查，落实目标责任。

2014 年 9 月，国家发展改革委印发《国家应对气候变化规划（2014－2020 年）》提出，到 2020 年，单位国内生产总值二氧化碳排放比 2005 年下降 40% ~45%，非化石能源占一次能源消费比重到 15% 左右，森林面积和蓄积量分别比 2005 年增加 4000 万公顷和 13 亿立方米。为此，要求从调整产业结构、优化能源结构、加强能源节约、增加森林及生态系统碳汇、控制工业领域排放、控制城乡建设领域排放、控制交通领域排放、控制农业、商业和废弃物处理领域排放、倡导低碳生活等方面控制温室气体排放；深化低碳省区和城市试点，开展低碳园区、商业和社区试点，实施减碳示范工程，实施适应气候变化试点工程；从健全激励约束机制、强化科技支撑、加强能力建设、深化国际交流与合作、组织实施等方面对应对气候变化提出具体举措。

2015 年 4 月，国务院印发《水污染防治行动计划》要求，以改善水环境质量为核心，按照"节水优先、空间均衡、系统治理、两手发力"原则，贯彻"安全、清洁、健康"方针，强化源头控制，水陆统筹、河海兼顾，对江河湖海实施分流域、分区域、分阶段科学治理，系统推进水污染防治、水生态保护和水资源管理。坚持政府市场协同，注重改革创新；坚持全面依法推进，实行最严格环保制度；坚持落实各方责任，严格考核问责；坚持全民参与，推动节水洁水人人有责，形成"政府统领、企业施治、市场驱动、公众参与"的水污染防治新机制，实现环境效益、经济效益与社会效益多赢。这一计划提出要全面控制污染物排放，推动经济结构转型升级，着力节约保护水资源，强化科技支撑，充分发挥市场机制作用，严格环境执法监管，切实加强水环境管理，全力保障水生态环境安全，明确和落实各方责任，强化公众参与和社会监督。

（2）加强重点行业和重点领域节能减排工作。

2014 年 2 月，工业和信息化部等三部门联合下发《电石行业能耗限额标准贯彻实施方案（2014～2015年)》和《铁合金行业能耗限额标准贯彻实施方案（2014～2015年)》。3月，国家发展改革委等三部门联合印发《能源行业加强大气污染防治工作方案》，以促进能源行业与生态环境协调和可持续发展。4月，工业和信息化部、财政部联合印发《高风险污染物削减行动计划》，以加快实施汞削减、铅削减和替代高毒农药清洁生产重点工程，从源头减少汞、铅和高毒农药等高风险污染物产生和排放。6月，工业和信息化部印发《电解铝企业电耗核查手册》，以提高电解铝企业电耗核查准确性，促进电解铝企业加强能源管理。8月，工业和信息化部印发《工业和通信业节能与综合利用领域技术标准体系建设方案》，以加快推进工业节能减排标准化工作，提升标准对促进工业绿色低碳发展的整体支撑作用。9月，国家发展改革委等三部门联合印发《煤电节能减排升级与改造行动计划（2014～2020年)》，进一步提升煤电高效清洁发展水平。10月，国家发展改革委等七部门联合印发《燃煤锅炉节能环保综合提升工程实施方案》。12月，国家发展改革委等十部门完成对《煤矸石综合利用管理办法》的修订。2015年1月，工业和信息化部印发钢铁、石油和化工、建材、有色金属和轻工行业企业能源管理中心建设实施方案。8月，工业和信息化部等三部门联合印发《配电变压器能效提升计划（2015～2017年)》，加快高效配电变压器开发和推广应用，促进配电变压器产业结构升级，全面提升配电变压器能效水平。

（3）积极推进工业清洁生产。

2014年1月，工业和信息化部印发《京津冀及周边地区重点工业企业清洁生产水平提升计划》，全面提升京津冀及周边地区工业企业清洁生产水平，确保完成行业排污强度下降目标，促进区域环境大气质量持续改善。2月，工业和信息化部印发

《稀土行业清洁生产技术推行方案》，要求稀土企业把实施清洁生产技术改造作为提升企业技术水平和核心竞争力、从源头预防和减少污染物产生、实现清洁发展的根本途径。同月，国家发展改革委等三部门联合修编《钢铁行业清洁生产评价指标体系》、《水泥行业清洁生产评价指标体系》，以指导和推动钢铁与水泥企业依法实施清洁生产。7月，工业和信息化部印发《大气污染防治重点工业行业清洁生产技术推行方案》，以推进重点工业行业企业实施清洁生产技术改造。9月，国家发展改革委等三部门联合制定《清洁生产评价指标体系制（修）订计划（第一批）》。2015年2月，工业和信息化部、财政部联合印发《关于联合组织实施工业领域煤炭清洁高效利用行动计划的通知》，以切实推进工业领域煤炭清洁高效利用，提高煤炭利用效率，防治大气环境污染，保障人民群众身体健康。

（4）大力发展循环经济。

2014年9月，国家发展改革委等五部门联合印发《再制造产品"以旧换再"推广试点企业评审、管理、核查工作办法》和《再制造"以旧换再"产品编码规则》，以更好实施再制造"以旧换再"试点工作。12月，工业和信息化部下发《关于进一步做好机电产品再制造试点示范工作的通知》，要求扎实做好第一批机电产品再制造试点验收工作，继续深化机电产品再制造试点示范，进一步推进再制造产业发展。同月，国家发展改革委等六部门联合印发《重要资源循环利用工程（技术推广及装备产业化）实施方案》，以提升我国资源循环利用领域技术装备水平，壮大资源循环利用产业。2015年4月，国家发展改革委印发《2015年循环经济推进计划》提出，2015年循环经济发展目标任务。同月，国家发展改革委下发《关于请组织推荐2015年园区循环化改造示范试点备选园区的通知》，继续组织实施园区循环化改造示范试点工作。5 月，国家发展改革委等七部门联合公布《通过验收的国家循环经济试点示范单位名单（第二批）》和《不通过验收的国家循环经济试点示范单位名单》，工业和信息化部下发《关于开展国家资源再生利用重大示范工程建设的通知》，以加快再生资源产业先进适用技术与产品推广应用，探索再生资源产业发展新机制、新模式。7 月，工业和信息化部印发《京津冀及周边地区工业资源综合利用产业协同发展行动计划（2015 ~ 2017 年）》，以推进京津冀及周边地区工业资源综合利用产业和生态协同发展，探索资源综合利用产业区域协同发展新模式。8 月，国家发展改革委等四部门联合印发《国家循环经济教育示范基地管理办法》，以规范国家循环经济教育示范基地管理，充分发挥各类循环经济示范试点宣传展示平台作用。9 月，国家发展改革委等三部门联合印发《关于开展循环经济示范城市（县）建设的通知》，要求各地要按照推进生态文明建设战略部署，以提高资源产出效率为目标，根据自身资源禀赋、环境承载力、产业结构和区域特点，实施大循环战略，把循环经济理念融入工业、农业和服务业发展以及城市基础设施建设，在生产、流通、消费各环节推行循环型生产方式和绿色生活方式，构建覆盖全社会的资源循环利用体系，普及绿色循环文化，通过循环发展，带动绿色发展和低碳发展，加快构建循环型社会，提高城市（县）资源节约效益、环境友好水平和新型城镇化质量。

（5）推广节能技术与产品。

2014 年以来，国家制定发布节能技术与产品的指导目录，包括《全国工业能效指南（2014 年版）》、《国家鼓励的工业节水工艺、技术和装备目录（第一批）》、《国家重点节能技术推广目录（2014 年本，节能部分）》、《国家重点推广的低碳技术目录》、《国家重点推广的电机节能先进技术目录（第一批）》、《节能机电设备（产品）推荐目录（第五批）》、《"节能产品惠民工程"高效电机推广目录（第六批）》、《通信行业节能技术指导目录（第一批）》、《"能效之星"产品目录（2014年）》。

（6）加快淘汰高耗能落后产品。

2014年3月，工业和信息化部公布《高耗能落后机电设备（产品）淘汰目录（第三批）》，涵盖两大类337项设备（产品），包括电动机300项、风机37项，要求各生产和使用单位应抓紧落实本目录所列设备（产品）淘汰工作，生产单位应立即停止生产，使用单位应在规定期限内停止使用并更换高效节能设备（产品）。4月，工业和信息化部公布《高耗能老旧电信设备淘汰目录（第一批）》，包括移动通信基站、交换网络两大类34项设备（产品），要求各电信企业抓紧落实《目录》所列设备（产品）淘汰退网工作，电信设备生产企业协助做好相关工作。

（7）开展试点示范与专项行动。

从试点示范看，2014年1月，工业和信息化部、国家安全监督管理总局印发《关于组织推荐尾矿综合利用示范工程的通知》，决定组织实施一批尾矿综合利用示范工程。2015年1月，工业和信息化部、国家安全监督管理总局确定将34个尾矿综合利用项目列为示范工程。2014年7月，工业和信息化部印发《关于组织开展工业产品生态设计示范企业创建工作的通知》，并于2015年6月确定了41家企业为工业产品生态设计试点企业（第一批）。2015年8月，工业和信息化部下发《关于组织开展第二批工业产品生态（绿色）设计示范企业创建工作的通知》，决定组织开展第二批工业产品生态（绿色）设计示范企业创建工作。同月，国务院办公厅印发《关于进一步推进排污权有偿使用和交易试点工作的指导意见》，要求高度重视排污权有偿使用和交易试点工作，处理好政府与市场、制度改革创新与保持经济平稳发展、新企业与老企业、试点地区与非试点地区关系，把握好试点政策出台时机、力度和节奏，因地制宜、循序渐进推进试点工作。2015 年 3 月，工业和信息化部等三部门研究制定《国家绿色数据中心试点工作方案》，并于 9 月确定 14 个国家绿色数据中心试点地区（含试点领域和数量）。4 月，工业和信息化部等六部门联合下发《关于开展水泥窑协同处置生活垃圾试点工作的通知》。6 月，工业和信息化部等四部门联合印发《电器电子产品生产者责任延伸试点工作方案》，组织开展生产者责任延伸制度试点工作。8 月，工业和信息化部、国家发展改革委批复天津经济技术开发区等 39 家国家低碳工业园区试点实施方案，试点期为三年。

从专项行动看，2014 年 2 月，科技部、工业和信息化部印发《2014～2015 年节能减排科技专项行动方案》，要求紧密围绕节能减排重点行业、关键领域和典型区域节能减排科技需求，攻克重点行业关键共性技术，加大关键领域技术集成应用力度，提升节能减排相关产业科技创新能力，推动新技术、新产品的大规模应用，坚持以企业为创新主体，加速科技成果转化和产业化，提升节能减排产业技术创新能力和产业化水平，有效支撑国家"十二五"节能减排目标的实现。3 月，工业和信息化部印发《2014 年工业绿色发展专项行动实施方案》，决定 2014 年继续组织开展工业绿色发展专项行动。2015 年 2 月，工业和信息化部印发《2015 年工业绿色发展专项行动实施方案》，将 2015 年专项行动重点工作确定为：提升重点区域重点行业煤炭清洁高效利用水平，建立全国工业节能监测分析平台，建立京

193

津冀及周边地区工业资源综合利用协同发展机制。

（8）加强节能减排管理工作。

2014年以来，国家进一步加强节能减排管理工作，主要包括：一是加强节能减排监察工作。2014年4月，工业和信息化部印发《2014年工业节能监察重点工作计划》，明确工业节能重点监察内容和具体工作要求。2015年2月，工业和信息化部印发《2015年工业节能监察重点工作计划》，明确专项监察任务、常规监察任务、能力建设任务和具体工作要求。二是加强节能减排考核工作。2014年8月，国家发展改革委印发《单位国内生产总值二氧化碳排放降低目标责任考核评估办法》，对各地单位国内生产总值二氧化碳排放降低目标完成情况进行考核，对落实各项目标责任进行评估。三是加强节能减排监管信息化建设。2014年12月，工业和信息化部下发《关于推进全国工业节能监测分析平台建设的通知》，要求按照转变政府职能、加强事中事后监管要求，充分运用网络信息技术，采用"整体规划，分步实施"模式，分阶段推动国家系统与地方系统联网、地方系统与企业信息系统连接，实现节能数据共享，建立覆盖全国工业领域的统一、高效、实用节能监测平台。四是加强节能减排报告工作。2014年1月，国家发展改革委下发《关于组织开展重点企（事）业单位温室气体排放报告工作的通知》，对开展重点单位温室气体排放报告工作目的、指导原则、报告主体、报告内容、报告程序和保障措施进行了明确。

（9）完善采购和信贷政策。

2014年12月，商务部等三部门联合印发《企业绿色采购指南（试行）》，鼓励企业建立绿色供应链管理体系，主动承担环境保护等社会责任，自觉实施和强化绿色采购。2015年1月，中国银监会和国家发展改革委联合印发《能效信贷指引》，要求银行业金融机构通过能效信贷支持用能单位提高能源利用效率，降低能源消耗。

5.3 行业整合

行业整合对于推动产业结构调整、产业链整合和地区布局优化具有重要意义，是实现工业转型升级和转变发展方式的重要途径。2014 年以来，国家在深刻把握产业发展规律基础上，以政策引导促进行业整合，进一步推进企业兼并重组，推动地区间产业转移，以实现资源配置效率的提升。

5.3.1 企业兼并重组

2014 年以来，国家重点从优化企业兼并重组市场环境方面进一步推动企业兼并重组，由此使得企业兼并重组呈现加速发展态势。

（1）优化企业兼并重组市场环境总体部署。

2014 年 3 月，国务院印发《关于进一步优化企业兼并重组市场环境的意见》提出，要营造良好的市场环境，充分发挥企业在兼并重组中的主体作用，实现体制机制进一步完善、政策环境更加优化、企业兼并重组取得新成效的目标。为此，这一意见要求加快推进审批制度改革，包括取消下放部分审批事项和简化审批程序；改善金融服务，包括优化信贷融资服务和发挥资本市场作用；落实和完善财税政策，包括完善企业所得税、土地增值税政策，落实增值税、营业税等政策，加大财政资金投入，进一步发挥国有资本经营预算资金作用；完善土地管理和职工安置政策，包括完善土地使用政策，进一步做好职工安置工作；加强产业政策引导，包括发挥产业政策作用，鼓励优强企业兼并重组，引导企业开展跨国并购，加强企业兼并重组后的整合；进一步加强服务和管理，包括推进服务体系建设，建立统计监测制度，规范企业兼并重组行为；健全企业兼并重组体制机制，包括完善市场体系建设，消除跨地区兼并重组障碍，放宽民营资本市场准入，深化国有企业改革；切实抓好组织实施，包括进一步加大统筹协调力度，切实加强组织领导。5月，工业和信息化部下发《关于做好优化企业兼并重组市场环境工作的通知》，要求高度重视优化企业兼并重组市场环境工作，把优化市场环境贯穿企业兼并重组工作始终，进一步完善组织协调机制，进一步完善政策体系，着力推动跨地区企业兼并重组，创新工作思路和方法，加强沟通和交流。

（2）优化企业兼并重组市场环境的政策细化。

为落实国务院《关于进一步优化企业兼并重组市场环境的意见》，各部门认真贯彻落实各项政策措施，从税收、金融、职工安置、行政审批等方面对政策进行细化，进一步优化企业兼并重组政策环境。

税收方面，2014年12月，财政部、国家税务总局印发《关于促进企业重组有关企业所得税处理问题的通知》和《关于非货币性资产投资企业所得税政策问题的通知》，对兼并重组企业所得税特殊性税务处理适用条件进行了修订，扩大了特殊性税务处理的企业适用范围，对符合一定条件的非货币性资产投资涉及的企业所得税实行五年递延纳税政策。

行政审批方面。工业和信息化部等四部门于2014年10月联合发布《上市公司并购重组行政许可并联审批工作方案》，简化了审批程序，提高了审批效率。证监会于2014年10月修订发布《上市公司收购管理办法》，对上市公司要约收购义务豁免部分情形取消审批，同时发布《上市公司重大资产重组管理办法》，取消上市公司重大资产购买、出售、置换行为审批（构成借壳上市的除外）。国家发展改革委于 2014 年 4 月修订发布了《境外投资项目核准和备案管理办法》，缩小了核准范围。商务部于 2014 年 9 月修订发布了《境外投资管理办法》，提高了境外投资的便利化水平；于 2014 年 2 月发布了《关于经营者集中简易案件适用标准的暂行规定》，简化了部分简易案件审查程序。

职工安置方面。人力资源社会保障部等四部门于 2014 年 11 月联合印发了《关于失业保险支持企业稳定岗位有关问题的通知》，利用失业保险金支持符合一定条件的兼并重组企业稳定职工岗位。

发挥资本市场作用方面。证监会发布了《上市公司收购管理办法》和《上市公司重大资产重组管理办法》，明确上市公司可用定向发行可转换债券作为兼并重组支付方式，并完善并购重组市场化机制，增加股份定价弹性，取消上市公司兼并重组有关发行股份数量下限、业绩承诺等要求。发布《非上市公众公司收购管理办法》和《非上市公众公司重大资产重组管理办法》，明确非上市公司兼并重组不设行政许可、不实行全面要约收购制度、允许股份协商定价等。

此外，中国银监会修订了《商业银行并购贷款风险管理指引》，放宽对企业并购贷款还款年限和贷款资金占并购资金总额比例要求。国资委、外汇局等部门按照任务分工落实有关国企改革、外汇登记等政策措施。

（3）优化重点行业企业兼并重组市场环境。

2014 年 12 月，工业和信息化部印发《关于进一步优化光伏企业兼并重组市场环境的意见》，要求利用全球产业调整机遇，采取综合政策措施，优化光伏企业兼并重组市场环境，引导我国光伏产业加快转型升级，促进光伏产业持续健康发展。为此，要加强国家光伏产业政策引导，鼓励骨干光伏企业实施兼并重组，引导上下游企业加强合作；完善光伏企业兼并重组体制机制，消除兼并重组制度性障碍，优化光伏企业兼并重组审批流程；完善落实财政税收优惠政策，加强财政资金支持，落实并完善相关税收政策；充分发挥金融和资本市场作用，加强金融信贷支持服务，拓展兼并重组融资渠道；加强综合政策及服务体系保障，落实和完善土地使用优惠政策，完善企业债务处理和职工安置政策，进一步加强公共服务体系建设，建立完善兼并重组组织协调机制。

5.3.2 地区产业转移

2014 年以来，国家推动产业转移工作向常态化、制度化方向发展，继续开展产业转移对接活动，搭建区域产业转移对接平台，努力做好产业政策符合性认定试点工作，充分发挥国家产业转移公共信息服务平台作用，促进区域间产业交流与合作。

（1）规范化与制度化产业转移工作。

2014 年 9 月，国家发展改革委等部委联合印发《关于重点产业布局调整和产业转移的指导意见》，从引导和规范角度，强调产业转移指导思想和基本原则，明确了重点任务，并提出了相应支持政策。这一意见明确了当前产业布局调整和产业转移的四个方面重点工作：一是强化资源型产业布局导向，推进重大基地建设。有序推进西部煤炭和现代煤化工、西南水电、北方风电、沿海造船等基地建设。京津冀、长三角、珠三角地区，除热电联产外禁止新建燃煤发电等高耗能高污染项目。二是发挥市场主导作用，引导产业有序转移。促进东部地区产业创新升级和生产性服务业发展，推动劳动密集型产业和加工组装产能向中西部转移。结合"一带一路"和长江经济带等建设，发展特色优势产业。同时，防止产能严重过剩行业盲目扩张，避免产业在区域间低水平重复建设。三是深化产业对外合作，支持优势企业"走出去"。加强与中亚、南亚、东南亚国家交流与合作，在新疆、云南、广西、宁夏等地建设轻工纺织、石化、钢铁、汽车以及加工贸易等一批产业平台。进一步深化国际间产业合作，积极参与全球资源配置和国际产业分工，鼓励企业建立资源利用型境外经贸合作区，引导钢铁和有色金属冶炼产能逐步向境外资源地和有市场需求地区转移。四是改善发展环境，增强中西部产业发展和承接能力。加大薄弱环节投资力度，加快改善中西部交通、信息、能源等基础设施，强化财税、金融等服务，做好人才开发和产业配套。

为有序推进产业转移，这一意见从财税、金融、产业与投资、土地、产业合作六个方面明确了若干支持政策。比如，财税政策方面，强调对中西部和东北地区符合条件的国家级经济技术开发区、高新技术开发区公共基础设施项目贷款实施财政贴息；金融服务方面，通过中央基建投资安排资金设立国家重点产业发展和转移投资基金；产业和投资政策方面，出台西部地区鼓励类产业目录，适时修订产业结构调整指导目录、产业转移指导目录、中西部地区外商投资优势产业目录，支持中西部地区产业发展；土地政策方面，强调加大对重点产业集聚区和承接产业转移项目用地指标支持；资源环境准入管理方面，建立环评会商机制，及时协调解决重点产业布局、重大建设项目涉及的相关问题；区域产业合作方面，鼓励沿海开发区到西部地区拓展新的园区，产业转出地与承接地可研究制定经济核算、利益分成办法，实现资源整合、联动发展。

（2）举办区域性产业转移对接活动。

2014 年 10 月，工业和信息化部与河南、河北、山西、内蒙古、安徽、江西、湖北、湖南、陕西 9 省（区）人民政府共同主办"2014 中国（郑州）产业转移系列对接活动"，对接活动签约项目达 643 项，总投资 3548 亿元。签约项目呈现龙头项目多、基地型项目多、转型升级项目多特点。2015 年 6 月，由河南省人民政府主办、工业和信息化部支持的豫沪产业转移合作系列对接活动在上海举行，活动共签约项目 299 个，总投资 2670 亿元，其中河南省引进省外资金 2530 亿元。2015 年 9 月，由河南省人民政府主办、工业和信息化部支持的京津豫区域产业合作对接活动在北京举行，活动共签订合作投资项目 86 个，签约总金额 664 亿元，其中现场签约项目 18 个，签约金额 306 亿元。

5.4 产业培育

培育与壮大新兴产业是在新常态下构建经济增长新动力的重要支撑。2014 年以来，国家更加重视培育和发展战略性新兴产业，出台了系列产业支持政策，真正将鼓励战略性新兴产业发展落到实处。

（1）实施新兴产业重大工程包。

2015 年 6 月，国家发展改革委下发《关于实施新兴产业重大工程包的通知》，决定 2015 至 2017 年，重点开展信息消费、新型健康技术惠民、海洋工程装备、高技术服务业培育发展、高性能集成电路及产业创新能力六大工程建设。为此，要求有关部门和地方要结合新技术、新产品、新商业模式的应用试点和示范，积极推进相关领域体制机制改革，探索有利于创新成果转化应用的政策环境，通过工程建设促进改革落地，通过深化改革保障工程顺利实施。要坚持从供给与需求两侧同步发力，既支持提升产业创新能力，同时探索通过政府购买服务、引入风险补偿机制等，鼓励使用创新技术和产品，有效扩大消费。通知还提出，要充分发挥政府资金引导作用，引导和带动更多社会资本特别是民间资本参与工程建设。有关部门和地方要认真落实鼓励社会投资有关政策，积极探索政府资金与信贷、债券、基金、保险等相结合的多种融资组合，有效扩大高技术产业和战略性新兴产业的社会投资。在资金安排方式上，针对不同工程特点，采取后补助等形式，提高资金使用效益。

（2）完善战略性新兴产业专项债券融资政策。

2015年3月，国家发展改革委印发《战略性新兴产业专项债券发行指引》，鼓励节能环保、新一代信息技术、生物、高端装备制造、新能源、新材料、新能源汽车等领域符合条件的企业发行战略性新兴产业专项债券融资。这一指引提出，对于专项用于战略性新兴产业项目的发债申请，在相关手续齐备、偿债保障措施完善基础上，比照国家发展改革委"加快和简化审核类"债券审核程序，提高审核效率；鼓励战略性新兴产业专项债券采取"债贷组合"增信方式，由商业银行进行债券和贷款统筹管理；优化战略性新兴产业专项债券品种方案设计；鼓励地方政府加强金融政策和财政政策的结合，综合运用预算内资金支持、战略性新兴产业发展专项资金投入、加快建立包括财政出资和社会资金投入在内的多层次担保体系，以及财政贴息等风险补偿优惠政策，统筹加大对企业发行战略性新兴产业专项债券的政策扶持力度；发行战略性新兴产业专项债券，将《关于试行全面加强企业债券风险防范的若干意见》中提出的原则上需提供担保措施的资产负债率要求放宽至 75%；主体评级达到 AAA 的企业，资产负债率要求进一步放宽至 80%；积极开展债券品种创新，对于具有稳定偿债资金来源的战略性新兴产业类项目，可按照融资—投资建设—回收资金封闭运行模式，开展项目收益债券试点。

（3）针对各类战略性新兴产业继续完善相关鼓励和支持政策。

2014 年以来，国家针对新一代信息技术产业、新能源产业、高端装备制造产业、新材料产业和新能源汽车产业等领域出台了系列政策，鼓励这些领域快速发展。

表 5 – 4 – 1   2014 年以来出台的针对各类战略性新兴产业的鼓励和支持政策

产业	政策
新一代信息技术产业	《关于 2014 年度软件企业所得税优惠政策有关事项的通知》
	《关于促进先进光伏技术产品应用和产业升级的意见》
	《关于印发 2014～2016 年新型显示产业创新发展行动计划的通知》
	《关于印发新型平板显示工程实施方案的通知》
	《关于印发促进智慧城市健康发展的指导意见的通知》
	《关于印发高性能集成电路工程实施方案的通知》
	《关于印发宽带中国工程实施方案的通知》
	《关于印发云计算工程实施方案的通知》
	《关于组织实施新型平板显示和宽带网络设备研发及产业化专项有关事项的通知》
	《关于加快高速宽带网络建设推进网络提速降费的指导意见》
	《关于促进云计算创新发展培育信息产业新业态的意见》
	《关于印发促进大数据发展行动纲要的通知》
新能源产业	《关于印发 2014 年能源工作指导意见的通知》
	《关于印发"十二五"第四批风电项目核准计划的通知》
	《关于印发全国海上风电开发建设方案的通知》
	《关于下达 2015 年光伏发电建设实施方案的通知》
	《光伏扶贫试点实施方案编制大纲（修订稿）》

产业	政策
高端装备制造产业	《关于加大重大技术装备融资支持力度的若干意见》 《高技术船舶科研项目指南（2014 年版）》 《海洋工程装备科研项目指南（2014 年版）》 《关于印发海洋工程装备工程实施方案的通知》 《关于推进国际产能和装备制造合作的指导意见》
新材料产业	《关于印发关键材料升级换代工程实施方案的通知》
新能源汽车产业	《免征车辆购置税的新能源汽车车型目录》（第 1～第 5 批） 《节能产品惠民工程节能环保汽车（1.6 升及以下乘用车）推广目录》（第一批、第二批） 《新建纯电动乘用车企业管理规定》 《关于 2016～2020 年新能源汽车推广应用财政支持政策的通知》 《关于节约能源、使用新能源车船车船税优惠政策的通知》 《关于进一步做好新能源汽车推广应用工作的通知》 《关于开展节能与新能源汽车推广应用安全隐患排查治理工作的通知》 《关于免征新能源汽车车辆购置税的公告》 《关于完善城市公交车成品油价格补助政策加快新能源汽车推广应用的通知》 《关于新能源汽车充电设施建设奖励的通知》 《京津冀公交等公共服务领域新能源汽车推广工作方案》 《关于支持沈阳、长春等城市或区域开展新能源汽车推广应用工作的通知》 《政府机关及公共机构购买新能源汽车实施方案》 《关于加快新能源汽车推广应用的指导意见》

5.5　中小微企业

2014 年以来，国家继续落实各项支持中小微企业发展政策，助力中小微企业激发创业创新活力，促进中小企业和非公有制经济平稳健康发展。

（1）扶持小微企业健康发展的系统部署。

2014年10月，国务院印发《关于扶持小型微型企业健康发展的意见》提出，扶持小型微型企业健康发展的10条件意见：一是充分发挥现有中小企业专项资金引导作用，鼓励地方中小企业扶持资金将小型微型企业纳入支持范围。二是认真落实已经出台的支持小型微型企业税收优惠政策，根据形势发展需要研究出台继续支持政策。三是加大中小企业专项资金对小企业创业基地（微型企业孵化园、科技孵化器、商贸企业集聚区等）建设支持力度。四是对小型微型企业吸纳就业困难人员就业的，按照规定给予社会保险补贴。五是鼓励各级政府设立的创业投资引导基金积极支持小型微型企业。六是进一步完善小型微型企业融资担保政策。七是鼓励大型银行充分利用机构和网点优势，加大小型微型企业金融服务专营机构建设力度。八是高校毕业生到小型微型企业就业的，其档案可由当地市、县一级公共就业人才服务机构免费保管。九是建立支持小型微型企业发展的信息互联互通机制。十是大力推进小型微型企业公共服务平台建设，加大政府购买服务力度，为小型微型企业免费提供管理指导、技能培训、市场开拓、标准咨询、检验检测认证等服务。

（2）减轻中小微企业负担。

2014年5月，工业和信息化部下发《关于做好2014年减轻企业负担工作的通知》，要求以扶助小微企业为重点，突出改革创新，突出协调配合，突出长效机制，在涉企收费清单管理、企业负担调查评价、惠企政策宣传培训、减负体制机制建设等方面加大工作力度，进一步推动涉企行政事项的公开透明，切实在减轻企业负担、激发市场活力、营造良好环境上取得实效。

6月，国务院办公厅下发《关于进一步加强涉企收费管理减轻企业负担的通知》，要求建立和实施涉企收费目录清单制度，从严审批涉企行政事业性收费和政府性基金项目，切实规范行政审批前置服务项目及收费，坚决查处各种侵害企业合法权益的违规行为，全面深化涉企收费制度改革。7月，工业和信息化部下发《关于开展企业负担调查评价工作的通知》和《关于印发加强涉企收费管理减轻企业负担重点任务分工的通知》。10月，财政部正式公布全国涉企行政事业性收费和政府性基金目录清单。其中，全国性及中央部门和单位涉企行政事业性收费共涉及 29 个领域，87 个项目；全国政府性基金共 25 个项目。11月，国务院减轻企业负担部际联席会议决定，对加强涉企收费管理，减轻企业负担工作进行专项督促检查。2015 年 4 月，财政部等三部门联合印发《关于开展涉企收费专项清理规范工作的通知》，要求取消、降低一批涉企收费，切实减轻企业负担；加快建立完善监管机制，坚决遏制各种乱收费；对确需保留的涉企收费基金项目，建立依法有据、科学规范、公开透明的管理制度。同月，国家发展改革委要求各地区加快建立省级政府定价（或指导价）的涉企经营服务收费目录清单、进出口环节涉企经营服务收费目录清单和涉企行政审批前置服务收费目录清单，明确涉企收费目录清单按照统一规范格式，通过政府网站和公共媒体对外发布，接受社会监督。5月，国务院减轻企业负担部际联席会议印发《关于进一步做好涉企收费清理整治相关工作的通知》，要求抓好各项重点任务的贯彻实施，进一步强化查处和问责机制，营造良好的舆论氛围，争取新的政策和工作支持。

（3）继续完善支持中小微企业发展的财税政策。

在税收优惠方面，2014 年 4 月，财政部和国家税务总局下发《关于小型微利企业所得税优惠政策有关问题的通知》，决定自2014年1月1日至2016年12月31日，对年应纳税所得额低于10万元（含10万元）的小型微利企业，其所得按50%计入应纳税所得额，按20%的税率缴纳企业所得税。2015年8月，国务院常务会议决定进一步加大对小微企业的税收优惠，在落实好已出台税收优惠政策的同时，一是从2015年10月1日起到2017年底，依法将减半征收企业所得税的小微企业范围，由年应纳税所得额20万元以内（含20万元）扩大到30万元以内（含30万元）。二是将月销售额2万元至3万元的小微企业、个体工商户和其他个人免征增值税、营业税的优惠政策执行期限，由2015年底延长至2017年底。同月，工业和信息化部和国家税务总局下发《关于中小企业信用担保机构免征营业税审批事项取消后有关问题的通知》。在财政资金支持方面，2014年4月，财政部等四部门联合印发《中小企业发展专项资金管理暂行办法》，对用于支持中小企业特别是小微企业科技创新、改善中小企业融资环境、完善中小企业服务体系、加强国际合作等方面的专项资金进行规范管理和使用。7月，工业和信息化部印发《关于做好2014年工业转型升级资金中小企业服务体系专项工作的通知》，明确了支持重点和范围。

（4）加强中小企业服务平台建设与管理。

2014年3月，工业和信息化部下发《关于开展首批国家中小企业公共服务示范平台复核工作的通知》，启动开展首批国家中小企业公共服务示范平台复核工作，并于12月公布了首批国家中小企业公共服务示范平台复核意见，92家示范平台通过复核，7家单位"国家中小企业公共服务示范平台"称号被撤销。2014年11月，工业和信息化部公布第四批国家中小企业公共服务示范平台名单，99个平台获得"国家中小企业公共服务示范平台"称号。2015年1月，工业和信息化部印发《关于开展国家中小企业公共服务示范平台运营情况检查工作的通知》，要求按照属地化管理原则，由省（自治区、直辖市、计划单列市）中小企业主管部门负责对所辖区内示范平台运营情况（包括服务质量、服务收费、服务满意度等）进行检查。5月，工业和信息化部下发《关于做好2015年中小企业公共服务平台网络建设有关工作的通知》，明确2015年重点支持中小企业公共服务平台网络续建工作。

6 趋 势

6.1 面临形势

（1）世界经济发展存在诸多变数。

金融危机阴霾并未完全消失，全球经济发展以存量调整为主。在国际金融危机之前，全球经济增速在 4% 左右，高收入国家的平均增速也在 3% 左右，而在金融危机造成最严重影响的 2009 年，全球经济出现"二战"结束以来首次负增长，几乎所有发达国家在 1 至 2 年内都出现负增长，中国作为全球增长最快的经济体，增速也从两位数下降到个位数。2010 年，在各国经济刺激政策下，很多国家经济增长出现复苏迹象，但随后在 2011 年、2012 年和 2013 年出现连续下滑。金融危机前后比较，全球、发达国家以及发展中国家的经济增速都下降了一半或接近一半。受金融危机的持续影响，发达国家经济增长难以短时间恢复，更重要的是，以中国为代表的发展中国家进入新的发展阶段增速也将下降。因此，当前世界经济发展将以存量调整为主，即通过优化经济结构、提高劳动生产率实现经济发展的质量提升。

世界各国刺激经济措施尚未出现明显效果。金融危机之后，为了刺激本国经济增长，重新塑造实体经济领域的竞争力，许多发达国家都实施了一系列国家战略，例如美国的"再工业化"、"制造业复兴"、"先进制造业伙伴计划"；德国的"工业4.0"；日本的"再兴战略"；韩国的"新增动力战略"；法国的"新工业法国"等。这些战略措施中包含的政策共性包括：对新兴产业的补贴和扶持；对前沿技术（未来技术）研发的扶持；对中小企业的扶持；对竞争环境的优化；对新产品市场的培育；对人才培育的改革，等等。同时，发展中国家在金融危机之后也紧跟发达国家产业政策调整步伐，推出相应产业转型升级战略。我国政府、学术界、企业界也高度重视发达国家的经济振兴计划，特别是对"工业4.0"极端推崇，认为德国在实体经济政策方面的经验值得中国借鉴。但是，从实际情况看，发达国家的产业政策并非如想象中取得了显著成效，德国等制造强国工业增长下滑显著，金融危机后刺激政策效果有限。2000年以来，德国工业增加值增速波动巨大，且下滑明显。金融危机之前，德国工业就已经出现负增长；金融危机之后，德国工业也仅仅在2010年出现短暂的复苏迹象，总体上看，德国工业的增长并没有快于其他发达国家。

尚存在诸多影响世界经济发展的不确定性因素。首先，由于人类生产生活对地球影响越来越大，近年来全球自然灾害发生频率增大，危害增强。根据联合国统计，2000年以后，全球每年发生的特大型自然灾害在130～140次，而20世纪70年代每年仅有40次左右。2008年发生在我国汶川的地震造成了近7

万人遇难，近 2 万人失踪，造成直接经济损失 8000 多亿元，四川、甘肃、陕西部分地区的基础设施受到严重破坏。2011 年，日本东北部发生大地震并引发海啸和核泄漏，造成约 1.6 万人遇难，2000 多人失踪，日本多家企业停产减产，直接影响全球汽车、电子产业的零部件短缺。其次，武装冲突不断。与世界经济联系最紧密的资源能源产地、资源能源运输通道往往最容易爆发冲突，虽然中东地区武装冲突对世界石油价格的影响有所下降，但近年来在重要石油运输通道海盗活动猖獗，每年给世界经济造成 70 亿～120 亿美元的损失，使得许多国家派出军舰为石油运输护航。再次，恐怖活动成为威胁全球经济安全的重要因素。美国在"9·11"之后相继投入超过 1 万亿美元用于全球反恐和保护国土安全，中国等发展中国家也正在受到恐怖活动的挑战。恐怖主义的抬头不仅花费大量经济资源，同时还对相关国家和地区投资环境造成巨大影响，提高了经济发展成本。最后，国家间领土争端有所升级。例如，2012 年，中国、日本在钓鱼岛问题上的冲突升级，日本的"购岛"行为严重违背两国之前在钓鱼岛问题上达成的共识，作为世界第二和第三大经济体，又是东亚近邻，中日争端将对亚洲甚至全球贸易造成深远影响。中国与周边国家还有很长的国境线没有最终确定，是与周边国家经贸往来的不安定因素。

（2）新一轮科技革命和产业变革到来。

新一轮科技革命和产业变革将改变不同生产要素价值分配格局，劳动力比较成本优势加速削弱。随着发展环境变化，土地、资源、环境成本将不断上升，更严重的是，随着产业变革的到来，中国等发展中国家制造业综合比较成本优势的核心——低劳动成本优势正加速削弱。例如，3D 打印机的发明在不断改进为用户提供前所未有消费体验的同时，也将潜移默化地改变工业生产组织形式，随着 3D 打印机的大型化和集成化，某些领域某些环节的"制造"在不久的未来可能将不需要在工厂中完成。同时，就制造业本身而言，随着技术标准化和组件模块化发展，核心、关键零部件生产成本和利润占整个制造环节成本和利润比重将不断提高，装配、组装成本和利润占比将不断下降，这将对以装配、组装为重点的发展中国家制造业造成巨大冲击。

发达国家发展新兴产业条件更成熟，发展中国家新兴产业竞争压力较大。新兴产业的快速发展需要具备两个条件：一是研究开发足以提供产业发展的技术，二是存在对新产业产品的需求。美国是全球第一个提出信息革命的国家，日本、欧洲等发达国家的信息技术水平也远高于世界平均水平。美国虽然在新能源、新能源汽车领域的战略布局晚于日欧，甚至晚于中国等发展中国家，但是储备了大量新兴产业发展所需的基础知识和通用技术，在政策支持下，新兴产业能够迅速发展起来。新兴产业发展初期，技术研发和市场开拓成本高，产品价格一般高于同类传统产品，发达国家人均可支配收入高，社会保险和消费信贷体系完善，即便是金融危机对消费造成严重冲击，美国、日本、欧洲仍然是全球人均消费最高的国家和地区。新兴产业产品，特别是中高端产品的最初市场将集中于发达国家，中国电子信息、新能源等新兴行业也将市场瞄准发达国家。总体上看，发达国家新兴产业的发展在技术供给和市场需求方面的条件优于发展中国家，新一轮科技革命和产业变革浪潮中，发达国家政府加快新兴产业部署，会对发展中国家相关产业发展造成巨大压力，新兴产业的全球分工也会向发达国家有所转移。

我国全面迎接新一轮科技革命和产业变革条件还不成熟，面临经济增长出现断档的风险。一方面，中国比较优势集中于成本占比不断下降的制造环节。新一轮科技革命和产业变革的一个特征是普通制造占产品总成本的比重将进一步下降，所需劳动力数量也将大幅减少，中国在劳动密集行业的优势将逐渐丧失。而目前，中国劳动密集型行业的产值和利润总额占全部工业的 66% 和 70% 左右，劳动密集型行业增速的下降将直接影响中国经济的长期稳定增长。另一方面，中国产业工人要符合新一轮科技革命和产业变革要求尚需时日。与其他发展中国家比较，我国的产业工人不仅规模大，在技能水平和纪律性方面也具有优势。但是在新工业革命中，随着工厂生产自动化程度不断加强，个性化定制比重不断提高，我们更需要更多高素质的、脑力劳动为主的、具有创新精神的工人。从目前情况看，中国产业工人人力资源现状还不能适应新兴产业发展的要求，这也是中国经济增长断档的潜在风险。

（3）经济全球化出现新特征。

发达国家"再工业化"引起制造业"回流"。目前，发达国家制造业主要集中于成套设备、核心元器件等领域，工业产品生产和出口中，汽车、计算机、机械装备、电子元器件、武器、生物制品、医疗设备所占的比重较大，这些产品具有不同的技术演进规律和产品架构特征，但都属于技术密集型和劳动集约型行业。金融危机之后，发达国家为了恢复经济，促进就业，加大了对制造业扶持力度，具有比较优势的汽车制造、装备制造、电子信息、生物医药等行业出现向国内"回流"迹象。当然，"再工业化"浪潮下的"回流"是有范围、有条件和阶段性的。首先，将劳动密集型制造业搬回国内，既不符合发达国家比较优势和产业环境，也降低生产要素在全球的配置效率。相比较，技术密集型和劳动集约型制造业"回归"本国的可能性更大。其次，高新产业向国内"回流"的必要条件是中低端传统产业的加快转出。发达国家发展高新技术产业需要优化国内外资源配置，只有加快中低端传统产业向国外转移，再工业化提出的鼓励实体经济发展的优惠政策才能够聚焦于高附加值、高素质劳动需求的高新产业。最后，发达国家促进本国制造业的"回归"不可能是一个长期政策。标准化和劳动力成本上升共同导致以加工组装为特点的传统模块化制造业不断由发达国家向发展中国家转移，而发达国家更专注于高技术产业和服务业的发展，这是当前国际分工和国际贸易的基本格局，也是各国比较优势的反映和国际市场竞争的结果。发达国家政府过度干预的结果将降低资源配置效率，影响国际贸易对世界经济增长的促进作用。因此，随着全球经济复苏，发达国家就业率上升，消费信心恢复，发达国家促进制造业"回流"的政策将减弱直至终结。

贸易保护主义兴起将恶化发展中国家之间的低价无序竞争。尽管贸易保护不会改变经济全球化大趋势，但是，金融危机之后，很多国家加大了对进口商品限制，全球贸易保护主义盛行，贸易摩擦和贸易战频率增多、危害加深，对已经衰退的世界经济造成冲击。贸易保护主义可能在短时期内使全球化发生逆转，使参与经济全球化的国家，特别是实物产品和最终产品出口大国蒙受伤害。贸易保护还可能恶化发展中国家的低价无序竞争，妨碍发展中国家引进外资，阻碍劳动者的跨国境流动，对国际分工的深入发展和分工格局优化造成不利影响。发展中国家出口产品集中于价值链低端，且长期采取低成本、低价格策略，为了抢占国际市场，容易造成低价恶性竞争。金融危机之后，发达国家消费信心下降，进一步对发展中国家出口产品产生降价压力。出口产品价格下降又导致贸易条件恶化，引发更多贸易争端。新贸易保护主义兴起以来，技术壁垒、绿色壁垒等新贸易保护手段被广泛使用，对发展中国家出口制造业造成更大的降价压力，进一步恶化在中低端市场的低价无序竞争。

新的国际贸易和投资格局正在形成。2001 年加入 WTO 后，我国企业较快适应了 WTO 下的多边贸易规则，比较优势与国际市场需求的结合极大推动了我国工业高速增长。近年来，新的国际贸易和投资格局正在酝酿和发展。一是区域贸易自由化谈判和自由贸易区建设成为新潮流，自贸区框架已取代 WTO 框架成为投资和贸易自由化趋势。2012 年美国政府为重返亚太地区设计和筹划了"泛太平洋合作伙伴（TPP）"，把产业政策、劳动政策和知识产权等边境内市场问题均纳入 TPP 协议范围；2013 年美国又与欧盟积极筹划跨大西洋贸易与投资伙伴关系（TTIP），以重塑国际贸易标准，推动美国出口倍增，加快美国经济复苏。二是服务贸易成为国际贸易和投资自由化重点。美欧等国正在推动出台新的国际贸易服务协定（Trade in Service Agreement，TISA），服务贸易开放同样也是 TPP 和 TTIP 协定重点。三是以"准入前国民待遇"和"负面清单"外资管理模式为代表的新国际经贸规则正在形成。"负面清单"列明了企业不能投资或限制投资的领域和产业，未列入清单的就是开放的；"准入前国民待遇"是指除"负面清单"方式保护的某些产业和活动外，在准入阶段给予外资国民待遇，把内、外资从设立前、设立中、设立后各个环节都同等对待。新一轮对外开放的实质是从边境开放向境内体制性开放过渡，即如何使国内体制、经济与社会、环境保护政策与国际规则接轨。

（4）中国经济增长进入"新常态"。

1978～2011 年，我国经济增长平均速度达到 9.90%，其中 2002～2011 年平均增速达到 10.75%，最高年份一度达到 14.2%。从改革开放至 2011 年，GDP 增速只有 3 次连续 2～3 年低于 8%：第一次是 1979～1981 年，第二次是 1989～1990

年，第三次是 1998～1999 年，这 3 次回落主要是受外部短期因素干扰，每次过后又回到了高速增长轨道。从 2012 年开始，中国 GDP 增速连续两年在 8% 以下（2012 年和 2013 年均为 7.7%），2014 年进一步回落至 7.4%，2015 年上半年增速降至 7.0%。与前三次经济增速低于 8% 不同，这次经济增长速度的回落是结构性而非周期性，当前中国经济发展已经从高速增长期进入增长速度换挡期，中高速经济增长将成为"新常态"。首先，曾经推动中国经济高速增长的数量型"人口红利"已经衰竭，2012 年中国 15～59 岁年龄劳动人口第一次出现绝对下降，被抚养人口将会增加，储蓄率下降，用于投资的资本增长放缓，全要素生产率也难以大幅提高；其次，土地资源、自然资源、环境容量已经无法承载高速增长，出现了许多不均衡、不协调、不可持续等突出问题。

在经济高速增长阶段，保持经济增长速度成为宏观政策和产业政策重点，如果工业增长速度过快，就要防止经济"过热"；如果工业增长速度过慢，就要防止经济"失速"。过于重视经济增长的宏观政策在造成资源、环境等问题的同时，也会对制造业转型升级形成很大掣肘。进入中高速增长新常态后，GDP 增长压力对产业转型升级影响减少，产业政策可以集中精力于构建具有竞争优势的现代产业体系，促进制造业转型升级、做强做精。

6.2 行业发展趋势

6.2.1 原材料工业发展趋势

2014 年，原材料工业总体保持平稳增长态势，产业结构调整取得新进展，发展趋势呈现以下特征：一是行业增长稳中趋缓。2014年，原材料工业增加值增速8.3%，较2013年下降2个百分点，其中石化、钢铁、有色、建材行业增长分别为7.2%、7.2%、11.4%和9.6%。二是经济效益水平仍较低。2014年，钢铁、有色金属、石油、化学、建筑材料工业销售利润率分别为2.2%、2.9%、0.2%、5.0%、7.0%，均处于历史较低水平。三是固定资产投资增速放缓。2014年，化学工业、有色金属工业、石油加工业固定资产投资分别比上年增长10.5%、4.6%和15.7%，增幅分别回落4.1、15.2和12.0个百分点；建筑材料工业固定资产投资比上年增长14%，增幅与上年持平；钢铁工业固定资产投资同比下降3.8%。四是出口大幅增长。2014年，我国出口钢材9378万吨，比上年大幅增长51%；有色金属出口额772亿美元，比上年增长41%；化工行业出口1621亿美元，比上年增长11%。五是节能减排取得新进展。原材料工业主要污染物排放和能源消耗指标均有所下降，重点大中型钢铁企业吨钢综合能耗、二氧化硫和烟尘排放同比分别下降1.2%、16%和9.1%，乙烯、烧碱、电石综合能耗分别下降2.2%、3.2%和5.5%，铝锭综合交流电耗同比下降144千瓦时/吨，建材行业除尘、脱硝、脱硫技术加速应用。六是技术进步与技术创新步伐加快。宝钢600℃超临界火电机组钢管、鞍钢三大系列核电用钢、武钢无取向硅钢、太钢0.02毫米精密带钢等在下游关键领域开始应用，建材行业精细陶瓷、闪烁晶体、耐高压复合材料气瓶等产业化技术实现突破。

6.2.2 机械装备工业发展趋势

我国机械装备工业生产、出口增速将有望回暖，其中汽车工业增速放缓，船舶工业继续回暖，但机械装备工业发展受宏观环境影响较大，经济运行下行压力仍然较大，支撑经济平稳增长的需求缺乏强劲拉动力，新增长点还难以弥补传统增长点收缩带来的影响。到目前为止，尽管机械装备工业产销仍保持适度增长，但企业经营压力较大、出口形势仍难乐观、技术创新投入不足以及装备自主化推荐较难等矛盾十分突出。预计2015年，机械装备工业行业增长速度将继续放慢下行。

（1）国家间竞争将更趋激烈。

金融危机后，世界经济格局与变化趋势的一个突出特点是世界各国纷纷把振兴制造业、特别是装备制造业作为经济发展的重要战略。美国先后发布《制造业促进法案》、《先进制造业国家战略计划》，并预算投入29亿美元用于支持创新制造工艺、先进工业材料和机器人技术研发，将美国打造成制造业"磁石"；德国发布保障制造业未来的"工业4.0"计划；英国投资4500万英镑支持9个创新制造中心建设；法国提出工业占欧盟工业附加值比重从2010年的13%增至2015年的15%。巴西、印度也相继公布了《工业强国计划》、《国家制造业政策》，印度拟通过制造计划在2030年前每年创造出1200万个新工作岗位，并将印度打造成制造业出口大国。

（2）贸易保护主义更加严峻。

"十三五"将是美、欧等国加速推进新一轮全球贸易、投资秩序新格局形成的重要时期。通过积极推进TPP（跨太平洋伙伴关系协议）、TTIP（跨大西洋贸易与投资伙伴协议），美国正在组织创建超越WTO规范的全面性经贸自由化网络。美、欧、日等国以新一轮市场自由化为名，推动双向互惠的高规格贸易、投资条件，构筑有利于美欧等国的全球贸易新秩序。TPP和TTIP不仅对降低商品关税做出规定，还对企业性质、安全生产标准、技术壁垒、卫生检疫、反垄断和不正当竞争政策、知识产权保护、政府采购、争端解决机制以及劳动工作条件和生态环境保护等做出了明确规定，标准之高和涵盖内容之广远超WTO。随着我国机械装备产品国际市场份额的不断提高，机械装备产品可能成为贸易争端的重点领域。

（3）政策调整促产业转型升级。

按照 2015 年中央经济工作会议工作部署，将计划增加中央预算内投资规模，启动一批新的重大项目；实施差异化区域发展政策，对西部、中部地区和东北老工业基地提出了项目建设和发展意见；加快推进京津冀、"一带一路"以及长江经济带建设；在农业技术装备、高端装备、新能源汽车、燃气轮机等领域实施一批重大创新工程和智能制造重大项目，为机械装备工业增长和发展提供了新的历史机遇。与此同时，按照《中国制造 2025》部署，智能制造的大规模研发投入和推广应用，将为机械装备制造业转型升级提供重要驱动力。

（4）数字化、智能化、绿色化成为发展趋势。

随着《国家增材制造发展推进计划》等一系列新政出台和实施，以及新一代信息技术与制造技术融合的不断深入，我国机械装备产品高端化、个性化发展趋势将更为明显。同时，随着工业云、大数据的应用，机械装备工业互联网化成为趋势，装备企业在设计、制造、在线服务以及基于互联网的新型商业模式开发等方面将不断创新。越来越多的企业将通过 O2O 搭建起与采购者之间线上线下的双向互通平台，逐步建立以服务为核心的产品设计和整体解决方案业务模式，拓展在线实时监测、远程故障诊断、工控系统安全监控等新兴业务，"众筹＋预售＋定制"等互联网化生产方式将不断得到应用，生产和销售方式有望发生深刻变革。

6.2.3 电子信息产业发展趋势

2015 下半年，我国电子信息产业仍将保持低速增长态势，产业调整期特征更加明显。随着《中国制造 2025》、"互联网＋"行动计划等国家战略的深入实施，智能制造将成为全球新一轮产业竞争制高点。这对我国工业软件创新与发展提出了新的挑战。以跨界融合为主要特征的行业兼并重组将日益活跃。此外，"一带一路"国家战略的全面推进，有望拉动电子信息产品出口走出低迷。

（1）智能制造成为产业竞争制高点。

在"互联网＋"时代，智能制造已经成为全球新一轮产业竞争制高点，航空航天、飞机制造、汽车制造、电子制造等行业纷纷涉足智能制造。国务院于 2015 年 5 月发布的《中国制造 2025》明确提出，智能制造是建设制造强国的主攻方向。工信部将智能制造作为两化深度融合重要抓手，率先在智能工厂流程制造、离散制造、智能制造、智能装备和产品、智能化管理、智能服务六大领域展开试点。同时，各地密集出台智能制造配套措施，天津、云南、青岛等省市已制定智能制造试点示范实施方案。一系列产业支持政策的相继出台，将持续促进我国智能制造水平的提升，而为互联网与工业融合创新提供有力支撑。

（2）工业软件创新发展面临挑战。

工业软件是实现"互联网＋制造业"的重要支撑。同时，"互联网＋"的演进和发展对软件技术不断提出新的挑战和要求。2014 年，我国工业软件市场规模突破 1000 亿元，同比增长 16.9%，继续保持高速增长态势。但是，我国工业软件发展也存在一些问题，例如：工业企业对软件服务的投资能力和动力不足，软件厂商与工业企业需求对接不足，自主工业软件发展面临技术挑战等。2015 年，全球及我国工业软件市场将继续保持高速发展态势，但增速可能进一步放缓趋稳。未来，互联网与工业融合发展将成为产业创新主要方向，工业大数据和工业云将是应用发展的最大热点。

（3）跨界并购和发展模式成为主流。

近年来，在各级政府部门积极推动下，电子信息产业企业兼并重组政策环境逐步完善。"互联网＋"时代的来临，促使我国电子信息产业跨界融合转型趋势日益凸显。例如：手机企业积极布局可穿戴设备等新兴领域，计算机、家电和通信企业努力提升全产业链智能化水平。由此可见，单一产品生产制造为主的模式已难以适应当前发展环境，企业亟待跨界寻求新的市场、融合寻求新的优势、转型寻求新的发展。与此同时，在云计算、大数据、人工智能等新兴领域蓬勃发展、产业加速跨界融合背景下，国内外软件企业已经掀起了新一轮并购热潮。可以预见，未来企业跨界并购和发展模式将成为主流。

（4）"一带一路"战略拉动产品出口。

自 2014 年初我国电子信息产品进出口额增长由正转负，产业外贸形势一直较为严峻，但外贸结构有所优化。2014 年，中国电子信息产业在出口低迷形势下，积极开拓新兴市场贸易伙伴，对越南、阿联酋和俄罗斯的出口增速达到 25.4%、34.3% 和 14%。未来，随着我国"一带一路"战略的深入实施，中国企业将与沿线国家企业建立更加密切的贸易合作关系，从而带动电子信息产品出口增长，促使更多企业"走出去"。在"一带一路"战略顺利推进情况下，预计 2015 年我国电子信息制造业出口有望结束负增长。

6.3 政策趋势

更加注重释放内需潜力，促进工业经济平稳运行。持续加强质量品牌建设，突出抓好食品药品质量安全，抓好绿色建材、高性能钢筋、高效节能电机、1.6 升及以下排量节能汽车推广，进一步壮大信息消费。争取扩大各级技术改造等资金规模，探索利用产业投资基金等手段，提高投资效率。围绕实施"一带一路"、京津冀协同发展、长江经济带战略，研究制定相关发展规划和产业指导目录，适时启动产业转移合作示范园区建设。建立全国互联互通的工业经济运行监测网络平台体系，强化政策储备、要素保障和应急协调，做好对企业的服务。

优化增量和调整存量并举，推进产业结构向中高端迈进。建立全国统一的新能源汽车推广目录，出台新建纯电动乘用车生产企业准入管理规定，制定促进新材料产业健康发展指导意见，推动出台大数据应用与发展指导意见。实施 5 大技术改造工程，发布钢铁工业转型升级发展计划（2015－2025），制定海洋工程装备等行业规范条件，全面启动首台（套）保险补偿机制试点。研究制定"十三五"产能严重过剩行业淘汰落后和过剩产能目标计划及到 2017 年阶段性目标，研究建立利用节能环保标准，促进落后产能退出的工作机制。促进重大兼并重组，支持稀土六大集团加快发展。实施工业绿色发展专项行动，组织工业能效提升、煤炭清洁高效利用行动计划。狠抓重大武器装备研制生产，实施推进军民融合深度发展专项行动，研究制定重要领域军民互动共享措施意见。

以智能制造为突破口，大力推动两化深度融合。研究论证实施国家级智能制造重大工程，先期组织实施三年专项行动计划，实施智能制造试点示范专项行动。大力发展工业互联网，研究出台互联网与工业融合创新指导意见，研究制定鼓励车联网发展政策措施。研究制定服务型制造发展指导意见，建设一批国家级工业设计中心，制定工业云、工业大数据创新发展指导意见。推进两化融合管理体系标准的研制、发布和国际化，推动出台支持两化融合的财税、金融以及产用结合等方面的特殊政策和急需标准，推进网络通信设备与工业设备互联互通。

深入推进创新驱动发展，建设国家制造业创新体系。推进国家制造业创新中心建设，推动部署一批体现国家战略意图、促进两化深度融合的重大工程，推动两机专项、新材料专项尽快实施。实施工业强基专项行动，制定引导目录，发布重点产品和技术发展路线图。抓紧研究制定促进工业和信息化领域科技成果转化和产业化指导意见。加强智能制造、移动互联网等产业发展重点领域综合标准化工作，研究制定深化实施知识产权战略指导意见。

进一步减轻企业负担，加大对小微企业的支持。推动尽快公布全国和各省市行政审批前置服务收费清单，加大对清单之外违规收费查处力度，按照清费立税原则逐步减少收费基金项目。抓好已出台政策措施落实的督促检查、效果评估，推进小企业创业基地建设。实施扶助小微企业专项行动，加快完善细化小微企业划型标准，完善支持担保机构服务小微企业政策措施，建立健全增信分险机制，探索网络金融服务小微企业新模式。加快推进设立国家中小企业发展基金，开展非公有制企业建立现代企业制度试点，加快公共服务平台网络建设。

加快建设宽带网络基础设施，强化互联网行业管理和网络信息安全保障。实施宽带中国2015专项行动，创建宽带中国示范城市。落实电信普遍服务补偿机制。推动加快 TD – LTE 网络建设和4G 业务发展，4G 用户力争突破 2.5 亿，条件成熟时研究发放 LTE FDD 牌照。在全国范围全面推进三网融合，做好双向进入业务许可的受理审批。推动出台互联网行业管理和产业发展方面指导性文件，出台新版电信业务分类目录。坚决治理社会反映突出的垃圾短信、不明扣费、移动号码携转难、校园市场恶性竞争、骚扰电话等问题。推动出台加强卫星频率轨道资源管理指导意见。加强网络与信息安全技术手段体系化建设，巩固提升电话用户实名登记成效，深入开展电话黑卡治理专项行动。

深入推进改革开放，加强行业管理和规划指导。研究推动移动通信转售业务正式商用，开展宽带接入业务开放试点。积极稳妥推进国防科技工业改革，配合抓好财税体制改革、盐业体制改革、国有企业改革、医疗体制改革等相关工作。推动工程机械、汽车、商用飞机、通信以及钢铁、水泥、平板玻璃成套设备等装备制造业走向世界，协调落实好现有重大技术装备进口等税收优惠政策，加快研究进一步开放制造业的政策措施。推进重点领域立法，配合抓好中小企业促进法、电信法、原子能法、网络安全法等立法和无线电管理条例、稀有金属管理条例修订。扎实抓好工业通信业"十三五"规划编制工作。

附录1　工业发展指数构建

1. 理论基础

进入 21 世纪以来，工业结构调整和升级成为工业经济研究和政策的焦点。工业发展过程中的产业结构、产业组织、产业竞争力、技术水平、创新能力和可持续发展等一系列问题被归类为工业结构问题。在研究层面上，一些经济学者提出中国工业"大国"的更高发展阶段是建设工业"强国"，以克服传统工业大国建设过程中突出的结构问题。另外，一些学者则基于工业发展阶段的判断，提出工业发展战略需要调整。在国家政策层面上，新型工业化道路、转变经济发展方式和贯彻落实科学发展观成为工业发展新导向。

在深入研究工业结构问题、基本经济国情变化与工业化阶段跃升基础之上，各界达成了一个较为明确的共识，即寄希望于建设工业强国来解决工业大国建设过程中所累积的问题与矛盾。这就使得工业强国理论具有问题导向和战略导向双重属性——既要直面当前工业发展中存在的突出矛盾，又要放眼未来机遇和挑战并存的工业发展。这集中体现于现阶段中国工业发展面临的突出问题，包括传统比较优势的减弱、可持续发展能力亟待提升、工业创新能力成长受制于工业创新体系、区域产业同构化影响工业发展效率的提高，以及就业和劳资冲突问题升级。同时，转变发展方式、产业转型升级对工业经济发展提出了新的要求，都必然体现在工业强国理论之中。

工业发展水平经典评估方法大多是单一维度（指标），主要有：①仅从工业发展速度评估工业发展，如采用工业增速或者工业增加值率等指标；②仅从规模动态变化评估工业发展，如采用工业总产值或者增加值等指标；③仅从结构动态演变评估工业发展，如采用产业结构比或者工业对 GDP 增长率贡献率等指标。从理论基础上说，如上三种评估方法都与工业大国理论有着密切理论联系，评估结果的有效性也受限于工业大国理论的逻辑。

本报告所构建的中国工业发展评估模型，在理论上力图体现工业强国理论的内涵与要求，在方法上采用多维度评估指标体系，提高评估结果的效力。所以，本报告在评估方法上的创新，其实是评估理论创新的延续和应用实现。

2. 指标说明

如上文所述，依据工业强国理论内涵和要求，本报告从生产效率、可持续发展水平、技术创新、国际竞争力和工业增长等五个维度构建工业发展指数。生产效率采用 Sequential - Malmquist - Luenberger 生产效率指数，可持续发展选用能源效率和"三废"处置利用指标，技术创新包括创新投入和创新产出两方面指标，国际竞争力采用了国际贸易竞争力指数，工业增长则选用工业增加值增长率（参见正文表 2 - 1 - 1）。其中，可持续发展水平、技术创新、国际竞争力和工业增长4个维度的指标均可通过统计数据计算而得，生产效率指标则需要另行计算。效率分析主要有三类方法：参数方法、非参数方法和指数法。其中使用较广的指数法有两种：全要素生产率（TFP）指数法和基于数据包络分析法（DEA）的曼奎斯特（Malmquist）指数方法。[①] 基于DEA的Malmquist生产率指数及其分解是分析多投入—多产出决策单元生产率变动及相对效率的有效方法。

新时期工业发展的核心是加速提高生产效率，而加速促进生产效率提升的关键是促进技术进步。为了更好揭示中国工业生产效率特征，我们借鉴Färe（1994，1997）提出的以产出为基础的Malmquist生产率变化指数方法，同时将方法的最新改进引入生产效率指数计算当中。其中，Chung等（1997）引入方向距离函数，在生产效率测算中开始引入环境污染之类的"坏产品"，发展出Malmquist – Luenberger生产效率指数。由于引入了"坏产品"，Malmquist – Luenberger生产效率指数一定程度避免了Malmquist高估生产效率情况。而Oh和Heshmati（2009）在Chung等（1997）基础之上，进一步在构建技术前沿面时采用序贯生产可能性集合代替当期生产可能性集合，有效避免了技术退步情况，更为符合现实技术的变化规律，进而发展出了Sequential – Malmquist – Luenberger生产效率指数，并为本报告采用。

如上，Sequential – Malmquist – Luenberger生产效率指数创新之处在于构建第t期生产技术前沿面时，使用第1期至第t期生产集合的并集，即 $\overline{P^t}(x^t) = P^1(x^1) \cup P^2(x^2) \cdots P^t(x^t)$。其中，

---

① 前者反映的是所有投入要素的综合效率，并且要考虑生产率的周期因素和动态变化；后者可以纵向测度生产率进步，是经济中产业跨期的生产率变化的一种常用研究方法。

$P^s(x^s)$ $(s=1, \cdots, t)$，表示第 s 期的生产集合，$\overline{P}^t(x^t)$ 表示第 t 期的序贯生产可能性集合。用 $\vec{D}(x, y, b; g_y, g_b) = \max\{\beta: y + \beta g_y, b - \beta g_b \in P(x)\}$ 表示方向距离函数，那么第 s 期的 Sequential – Malmquist – Luenberger 生产效率指数（SML）即为

$$SML^s = \left\{ \frac{[1 + \vec{D}_q^s(x^t, y^t, b^t)]}{[1 + \vec{D}_q^s(x^{t+1}, y^{t+1}, b^{t+1})]} \right\}$$

为了避免参照生产技术选择的任意性，在计算两个相邻时期生产效率时，使用 SML 指数的几何平均数，即

$SML^{t,t+1}$

$$= \left\{ \frac{[1 + \vec{D}_q^t(x^t, y^t, b^t)]}{[1 + \vec{D}_q^t(x^{t+1}, y^{t+1}, b^{t+1})]} \frac{[1 + \vec{D}_q^{t+1}(x^t, y^t, b^t)]}{[1 + \vec{D}_q^{t+1}(x^{t+1}, y^{t+1}, b^{t+1})]} \right\}^{1/2}$$

进一步将 $SML^{t,t+1}$ 分解，可以得到

$$SML^{t,t+1} = \frac{1 + \vec{D}_q^t(x^t, y^t, b^t)}{1 + \vec{D}_q^{t+1}(x^{t+1}, y^{t+1}, b^{t+1})}$$

$$\times \left[\frac{1 + \vec{D}_q^{t+1}(x^t, y^t, b^t)}{1 + \vec{D}_q^t(x^t, y^t, b^t)}, \frac{1 + \vec{D}_q^{t+1}(x^{t+1}, y^{t+1}, b^{t+1})}{1 + \vec{D}_q^t(x^{t+1}, y^{t+1}, b^{t+1})} \right]^{1/2}$$

$$= EC^{t,t+1} \times TC^{t,t+1}$$

式中 EC、TC 分别表示技术效率变化指数和技术变化指数。如果 $EC^{t,t+1} > 1$，表示某个 DMU 朝着最佳实践的移动，表现为该 DMU 的"追赶效应"；如果 $TC^{t,t+1} > 1$，表示前沿技术的移动，表现为最佳实践 DMU"创新效应"。

计算 Sequential – Malmquist – Luenberger 生产效率指数时，将每一个行业作为 DEA 分析的决策单元（DMU），故本分析包含 14 个 DMU。考虑数据的可得性和研究目标，选取了两个投入变量——按行业分国有及规模以上非国有工业企业固定资产净

值年平均余额、按行业分国有及规模以上非国有工业企业平均从业人员数；三个产出变量，其中两个好产出变量——按行业分国有及规模以上非国有工业企业工业总产值、按行业分国有及规模以上非国有工业企业利润总额；一个坏产出变量——行业 SO_2 排放量，时间跨度为 2005～2009 年。

原始数据均来自国家统计局。其中，2010 年固定资产投资年平均净值余额数据，通过计算 2009 年和 2010 年固定资产净值的算术平均数求得。除从业人员数之外，其他数据均经过相应价格指数调整：固定资产年平均净值余额采用固定资产投资价格指数调整、利润总额和工业总产值采用工业产品出厂价格指数调整，且均以 2005 年为基期。[①]

3. 样本选择

本报告在生产效率分析和工业发展指数构建时，舍去采矿业和电力、燃气及水的生产和供应业两大工业门类的分析，着重分析制造业发展水平。这样选择是因为如下三点理由：

第一，中国要实现从工业大国跃升为工业强国，相对于采矿业和电力、燃气及水的生产和供应业而言，更为重要的是制造业行业发展水平的提升。这一方面是因为制造业已经成为中国工业主体，奠定了中国作为工业大国的基础；另一方面则是由于制造业的高端化代表工业发展水平的进步，对于中国走新型工业化道路、从工业大国跃升为工业强国有着极其重要的意义。此外，制造业涵盖了现阶段中国重点发展的战略性新兴产业的主要产业，是未来中国经济保持持续增长、构建中国多元产业体系和提升国际竞争力的关键。

---

① 按照 Malmquist 生产效率指数计算要求，对观测值中个别负值取 0 值处理。

第二，采矿业行业的经济效益和产品价格容易出现剧烈波动，并且导致行业波动并不一定（甚至不主要）是市场真实供求关系的变动，极易受非经济因素影响（如投机炒作和国际矿产寡头的策略、政治稳定、恐怖活动、宏观调控、产业政策和自然灾害等因素），给准确评估采矿业的真实发展水平增加了难度。

第三，电力、燃气及水的生产和供应业在工业中的比重较小，且具有公共事业属性，市场化程度较低，并且主要面向国内市场。

课题组选择了 14 个制造业样本行业。课题组从中国现行国民经济行业分类（GB/T 4754－2002）中选择了 16 个行业，包括：①食品加工业；②食品制造业；③饮料制造业；④纺织业；⑤服装及其他纤维制品制造业；⑥石油加工及炼焦业；⑦化学原料及化学制品制造业；⑧医药制造业；⑨非金属矿物制品工业；⑩黑色金属冶炼及压延加工业；⑪有色金属冶炼及压延加工业；⑫普通机械制造业；⑬专用设备制造业；⑭交通运输设备制造业；⑮电气机械及器材制造业和；⑯通信设备、计算机及其他电子设备制造业。针对 16 个行业进行分析，其中，考虑行业特征具有较强相似性，农副食品加工业、食品制造业和饮料制造业三个行业合并成为一个行业进行分析，称为"食品工业"，最终得到 14 个样本。

可见，构建工业发展指数样本涵盖了食品工业、纺织业、服装及其他纤维制品制造业、医药制造业等主要消费品工业，石油加工、化学原材料及化学制品制造业、非金属矿物制品、黑色金属冶炼及压延加工业、有色金属冶炼及压延加工业等原材料工业，以及通用装备制造业、专用设备制造业、交通运输设备制造业、电气机械及器材制造业、电子及通信设备制造业等机械电子类装备制造工业。因此，本报告构建的工业发展指数，能够较充分地代表中国工业发展水平。

4. 数据预处理

对缺失值的处理。2005 年的工业增加值增长率数据缺失，采用 2005 年工业总产值增长率作近似替代。

无量纲化处理。在构建发展指数之前，需要对指标进行无量纲化处理，以消除指标不同量纲带来的不可公度性，提高发展指数结果的准确性。[①] 课题组采用正规化法对原始数据进行无量纲化处理，计算公式为：〔X－MIN（数据向量）〕／〔MAX（数据向量）－MIN（数据向量）〕进行无量纲化处理，X 表示各年各行业在各维度上的值，数据向量指各维度所有年份所有行业值。

指数化处理。对无量纲化处理后的指标，分别进行两种指数化处理。一是以 2005 年为基期计算的定基指数，二是计算历年环比指数，用于计算工业和行业的定基和环比发展指数。对于包含多个二级指标的维度，计算二级指标指数的简单平均数作为维度指数。

5. 权重选择与检验

计算行业发展指数时，本报告采用德尔菲法确定五个维度的权重。共有来自中国社会科学院、中国科学院、国务院发展研究中心、国家发改委宏观经济研究院和中国人民大学等机构长期从事产业经济研究的 13 位专家参与打分。专家按照工业强

---

① 无量纲化处理的主要方法有标准化法、正规化法和均值化法，其中，前两种方法较为常用。标准化处理后的样本观测值服从均值为 0、方差为 1 的标准正态分布，处理后的观测值在（－1，1）范围；正交化处理后的样本观测值取值范围为（0，1）。

国理论要求，对五个维度的重要性进行了排序。五个维度中，排序最高得 5 分，最低得 1 分，通过维度的得分确定其权重。

为了验证主观权重法计算的指数是否稳健，课题组还采用了因子分析法计算工业发展指数。两种方法计算工业发展指数通过比较发现，主观权重法和客观权重法计算的结果具有较高的一致性，表明本报告给出的工业发展指数计算结果稳健。

附录2　工业行业发展指数

附表1　工业行业发展指数（定基）

年份	工业行业	效率	创新	绿色发展	效益	国际竞争力	行业综合
2005	食品饮料	100.0	100.0	100.0	100.0	100.0	100.0
	纺织业	100.0	100.0	100.0	100.0	100.0	100.0
	纺织服装、鞋、帽	100.0	100.0	100.0	100.0	100.0	100.0
	石油加工、炼焦及核燃料	100.0	100.0	100.0	100.0	100.0	100.0
	化学原料及化学制品	100.0	100.0	100.0	100.0	100.0	100.0
	医药	100.0	100.0	100.0	100.0	100.0	100.0
	非金属矿物制品	100.0	100.0	100.0	100.0	100.0	100.0
	黑色金属冶炼及压延	100.0	100.0	100.0	100.0	100.0	100.0
	有色金属冶炼及压延	100.0	100.0	100.0	100.0	100.0	100.0
	通用设备	100.0	100.0	100.0	100.0	100.0	100.0
	专用设备	100.0	100.0	100.0	100.0	100.0	100.0
	交通运输设备	100.0	100.0	100.0	100.0	100.0	100.0
	电气机械及器材	100.0	100.0	100.0	100.0	100.0	100.0
	通信设备、计算机及其他	100.0	100.0	100.0	100.0	100.0	100.0
2006	食品饮料	118.3	120.3	118.9	129.8	101.1	117.4
	纺织业	108.6	94.1	102.9	130.5	104.6	106.4
	纺织服装、鞋、帽	106.3	66.7	96.3	172.3	100.5	106.3
	石油加工、炼焦及核燃料	100.0	116.2	130.9	32.8	60.1	86.0

年份	工业行业	效率	创新	绿色发展	效益	国际竞争力	行业综合
2006	化学原料及化学制品	104.5	101.1	170.4	114.0	121.8	125.0
	医药	101.3	114.8	116.8	64.7	99.4	103.0
	非金属矿物制品	110.7	96.3	151.0	0.0	103.8	118.2
	黑色金属冶炼及压延	104.5	108.0	145.4	85.0	193.6	129.1
	有色金属冶炼及压延	118.2	109.0	153.8	90.4	159.6	129.4
	通用设备	114.3	102.2	138.4	270.4	120.7	154.5
	专用设备	130.3	113.6	131.2	241.9	200.3	161.2
	交通运输设备	132.0	109.8	121.2	195.7	97.9	137.4
	电气机械及器材	126.2	100.3	137.9	100.9	102.4	114.5
	通信设备、计算机及其他	107.0	99.7	100.9	102.3	101.8	102.4
2007	食品饮料	124.9	129.7	132.7	136.5	103.5	125.0
	纺织业	107.7	106.4	116.1	145.8	108.3	114.5
	纺织服装、鞋、帽	101.8	87.9	114.9	172.3	100.7	113.3
	石油加工、炼焦及核燃料	102.0	96.0	167.8	53.0	52.5	97.9
	化学原料及化学制品	124.4	122.2	225.5	118.1	155.3	150.5
	医药	137.8	121.7	136.6	76.4	91.2	117.8
	非金属矿物制品	115.4	99.3	218.5	0.0	106.9	141.0
	黑色金属冶炼及压延	119.8	118.3	164.9	91.7	236.3	148.4
	有色金属冶炼及压延	107.9	98.6	224.2	73.1	92.1	128.1
	通用设备	120.3	106.0	178.5	291.5	149.9	171.2
	专用设备	138.9	125.0	177.9	241.9	515.1	204.7
	交通运输设备	132.8	112.9	154.5	215.4	113.4	149.8
	电气机械及器材	114.9	102.5	160.9	126.0	107.2	120.9
	通信设备、计算机及其他	106.6	110.8	103.1	94.5	104.9	105.8
2008	食品饮料	89.4	133.7	139.6	117.7	118.1	117.7
	纺织业	93.5	118.8	121.5	110.9	114.3	111.8
	纺织服装、鞋、帽	94.8	71.2	126.1	141.9	100.3	107.5
	石油加工、炼焦及核燃料	108.4	96.7	176.8	30.0	61.5	95.5
	化学原料及化学制品	95.8	123.1	267.5	72.7	209.2	147.2
	医药	114.7	133.0	137.5	72.9	88.7	114.1
	非金属矿物制品	99.9	110.7	286.7	0.0	113.4	160.6
	黑色金属冶炼及压延	88.7	116.9	203.7	49.9	260.4	149.4
	有色金属冶炼及压延	76.0	102.0	304.4	57.3	120.8	144.1

年份	工业行业	效率	创新	绿色发展	效益	国际竞争力	行业综合
2008	通用设备	90.9	106.8	190.7	224.6	159.9	150.2
	专用设备	77.0	131.6	208.8	232.8	588.0	200.5
	交通运输设备	77.8	110.9	147.8	145.3	126.9	118.4
	电气机械及器材	85.4	113.6	169.8	111.3	111.3	117.3
	通信设备、计算机及其他	104.0	122.0	113.7	72.4	110.4	108.9
2009	食品饮料	94.6	107.7	194.4	112.9	156.1	130.7
	纺织业	102.6	121.7	149.2	98.7	114.1	116.6
	纺织服装、鞋、帽	110.0	83.4	153.5	123.6	100.6	116.6
	石油加工、炼焦及核燃料	98.0	50.5	249.3	32.3	72.8	106.5
	化学原料及化学制品	88.6	100.7	470.2	91.7	159.4	193.8
	医药	88.5	114.2	182.8	66.1	79.1	109.4
	非金属矿物制品	103.5	99.6	438.6	0.0	112.2	204.4
	黑色金属冶炼及压延	81.2	81.2	357.0	55.3	145.4	158.6
	有色金属冶炼及压延	95.2	74.6	384.9	58.7	0.0	142.0
	通用设备	93.9	98.3	241.5	170.5	145.0	141.4
	专用设备	82.3	119.0	238.9	170.7	566.2	185.5
	交通运输设备	98.9	99.7	198.1	165.7	115.0	132.3
	电气机械及器材	100.2	109.4	228.1	84.9	107.3	127.6
	通信设备、计算机及其他	104.9	113.7	130.6	47.6	109.4	106.6
2010	食品饮料	123.6	50.6	269.0	113.2	62.6	121.8
	纺织业	92.0	47.2	160.9	117.6	116.5	101.1
	纺织服装、鞋、帽	72.6	17.3	176.1	159.6	100.3	110.1
	石油加工、炼焦及核燃料	92.3	27.4	230.4	43.4	74.3	100.6
	化学原料及化学制品	122.1	53.2	448.9	95.4	170.9	190.3
	医药	90.5	49.2	201.5	67.3	85.0	98.6
	非金属矿物制品	102.0	33.2	537.2	0.0	107.3	216.1
	黑色金属冶炼及压延	109.5	68.8	333.2	60.7	190.7	166.0
	有色金属冶炼及压延	121.8	56.2	319.6	59.9	9.0	130.4
	通用设备	90.8	51.3	284.4	268.6	140.5	159.4
	专用设备	101.2	66.2	295.6	233.6	505.5	195.1
	交通运输设备	111.4	45.7	236.4	191.2	107.9	133.3
	电气机械及器材	99.7	62.0	211.2	113.9	109.0	116.5
	通信设备、计算机及其他	114.6	77.2	173.3	90.5	88.8	104.6

年份	工业行业	效率	创新	绿色发展	效益	国际竞争力	行业综合
2011	食品饮料	85.9	59.7	291.1	122.1	113.9	130.0
	纺织业	111.2	58.0	197.2	97.4	114.2	109.5
	纺织服装、鞋、帽	97.0	22.0	169.8	163.8	99.8	114.7
	石油加工、炼焦及核燃料	100.0	36.0	107.4	38.3	103.9	74.1
	化学原料及化学制品	124.2	70.1	414.8	92.1	400.1	206.7
	医药	103.4	75.6	249.9	75.3	149.4	130.6
	非金属矿物制品	119.8	46.5	613.9	0.0	77.9	243.4
	黑色金属冶炼及压延	112.2	53.9	88.2	54.7	120.0	89.0
	有色金属冶炼及压延	126.3	44.9	153.0	61.0	0.0	86.1
	通用设备	114.5	56.7	313.7	229.1	135.7	160.7
	专用设备	108.2	77.8	408.6	227.0	547.8	219.3
	交通运输设备	91.7	56.4	292.0	124.9	137.7	125.8
	电气机械及器材	106.0	84.0	240.8	95.7	125.6	130.4
	通信设备、计算机及其他	98.8	98.3	171.1	86.8	128.8	114.3
2012	食品饮料	90.2	69.5	309.7	78.3	92.3	124.1
	纺织业	124.4	74.7	234.8	93.0	45.9	104.2
	纺织服装、鞋、帽	164.1	90.6	228.1	60.7	33.1	120.8
	石油加工、炼焦及核燃料	100.8	72.7	305.0	106.9	160.2	155.4
	化学原料及化学制品	85.5	110.6	404.9	69.9	290.8	185.0
	医药	98.5	106.9	274.6	100.9	65.0	130.1
	非金属矿物制品	92.1	90.5	259.0	65.7	113.9	145.1
	黑色金属冶炼及压延	131.5	149.2	75.1	63.6	152.1	116.5
	有色金属冶炼及压延	80.6	45.5	174.3	66.2	296.6	134.2
	通用设备	123.0	91.0	360.8	54.2	188.7	140.0
	专用设备	102.3	107.1	483.8	56.5	302.1	169.3
	交通运输设备	89.7	79.2	316.6	45.9	122.2	113.4
	电气机械及器材	95.7	126.9	266.4	74.2	80.6	131.7
	通信设备、计算机及其他	82.1	133.4	213.0	71.1	78.7	115.3
2013	食品饮料	102.2	70.3	133.1	64.3	92.4	92.9
	纺织业	96.9	71.1	168.8	68.5	50.3	85.3
	纺织服装、鞋、帽	100.0	72.4	157.8	60.7	41.4	89.7
	石油加工、炼焦及核燃料	104.3	80.4	224.9	65.2	160.3	124.8
	化学原料及化学制品	64.3	100.1	177.0	68.9	318.5	124.6

续表

年份	工业行业	效率	创新	绿色发展	效益	国际竞争力	行业综合
2013	医药	81.8	108.0	159.0	81.5	65.0	100.8
	非金属矿物制品	61.6	86.7	72.9	59.1	112.6	78.9
	黑色金属冶炼及压延	67.4	71.7	50.6	60.3	163.9	80.6
	有色金属冶炼及压延	85.4	87.7	93.9	87.4	296.9	126.3
	通用设备	77.4	93.6	219.2	52.8	187.5	107.6
	专用设备	79.5	105.3	261.5	55.1	311.4	130.3
	交通运输设备	88.5	87.5	245.8	51.6	122.2	106.0
	电气机械及器材	84.2	133.4	179.9	63.6	80.6	112.0
	通信设备、计算机及其他	102.0	120.9	267.7	73.8	79.0	125.1

附表 2　工业行业发展指数（环比）

年份	工业行业	效率	创新	绿色发展	效益	国际竞争力	行业综合
2005	食品饮料	100.0	100.0	100.0	100.0	100.0	100.0
	纺织业	100.0	100.0	100.0	100.0	100.0	100.0
	纺织服装、鞋、帽	100.0	100.0	100.0	100.0	100.0	100.0
	石油加工、炼焦及核燃料	100.0	100.0	100.0	100.0	100.0	100.0
	化学原料及化学制品	100.0	100.0	100.0	100.0	100.0	100.0
	医药	100.0	100.0	100.0	100.0	100.0	100.0
	非金属矿物制品	100.0	100.0	100.0	100.0	100.0	100.0
	黑色金属冶炼及压延	100.0	100.0	100.0	100.0	100.0	100.0
	有色金属冶炼及压延	100.0	100.0	100.0	100.0	100.0	100.0
	通用设备	100.0	100.0	100.0	100.0	100.0	100.0
	专用设备	100.0	100.0	100.0	100.0	100.0	100.0
	交通运输设备	100.0	100.0	100.0	100.0	100.0	100.0
	电气机械及器材	100.0	100.0	100.0	100.0	100.0	100.0
	通信设备、计算机及其他	100.0	100.0	100.0	100.0	100.0	100.0
2006	食品饮料	118.3	120.3	118.9	129.8	101.1	117.4
	纺织业	108.6	94.1	102.9	130.5	104.6	106.4
	纺织服装、鞋、帽	106.3	66.7	96.3	172.3	100.5	106.3
	石油加工、炼焦及核燃料	100.0	116.2	130.9	32.8	60.1	86.0
	化学原料及化学制品	104.5	101.1	170.4	114.0	121.8	125.0
	医药	101.3	114.8	116.8	64.7	99.4	103.0

年份	工业行业	效率	创新	绿色发展	效益	国际竞争力	行业综合
2006	非金属矿物制品	110.7	96.3	151.0	0.0	103.8	118.2
	黑色金属冶炼及压延	104.5	108.0	145.4	85.0	193.6	129.1
	有色金属冶炼及压延	118.2	109.0	153.8	90.4	159.6	129.4
	通用设备	114.3	102.2	138.4	270.4	120.7	154.5
	专用设备	130.3	113.6	131.2	241.9	200.3	161.2
	交通运输设备	132.0	109.8	121.2	195.7	97.9	137.4
	电气机械及器材	126.2	100.3	137.9	100.9	102.4	114.5
	通信设备、计算机及其他	107.0	99.7	100.9	102.3	101.8	102.4
2007	食品饮料	105.6	107.9	111.6	105.2	102.4	106.4
	纺织业	99.2	113.0	112.8	111.7	103.5	107.7
	纺织服装、鞋、帽	95.8	131.8	119.4	100.0	100.1	108.8
	石油加工、炼焦及核燃料	102.0	82.6	128.2	161.5	87.4	122.0
	化学原料及化学制品	119.1	120.9	132.3	103.6	127.5	118.9
	医药	136.0	106.0	117.0	118.2	91.7	114.6
	非金属矿物制品	104.2	103.1	144.6	112.9	103.1	115.9
	黑色金属冶炼及压延	114.7	109.6	113.4	107.8	122.1	113.8
	有色金属冶炼及压延	91.4	90.4	145.8	80.9	57.7	97.5
	通用设备	105.3	103.7	129.0	107.8	124.2	111.0
	专用设备	106.6	110.0	135.5	100.0	257.2	125.2
	交通运输设备	100.6	102.8	127.4	110.1	115.8	109.1
	电气机械及器材	91.0	102.2	116.7	124.9	104.7	105.6
	通信设备、计算机及其他	99.6	111.1	102.1	92.4	103.0	103.4
2008	食品饮料	84.7	103.1	105.2	86.2	114.0	98.0
	纺织业	94.2	111.6	104.6	76.1	105.6	100.2
	纺织服装、鞋、帽	99.0	81.0	109.7	82.4	99.7	96.6
	石油加工、炼焦及核燃料	106.3	100.8	105.4	56.7	117.0	91.4
	化学原料及化学制品	80.5	100.7	118.6	61.5	134.7	92.8
	医药	84.3	109.3	100.7	95.4	97.2	97.5
	非金属矿物制品	95.8	111.4	131.2	75.9	106.1	111.9
	黑色金属冶炼及压延	77.4	98.9	123.5	54.5	110.2	96.4
	有色金属冶炼及压延	83.2	103.5	135.7	78.3	131.1	108.4
	通用设备	86.4	100.8	106.8	77.0	106.7	92.8

年份	工业行业	效率	创新	绿色发展	效益	国际竞争力	行业综合
2008	专用设备	72.2	105.3	117.4	96.2	114.1	97.5
	交通运输设备	77.3	98.2	95.7	67.5	112.0	86.3
	电气机械及器材	93.8	110.9	105.5	88.3	103.8	101.6
	通信设备、计算机及其他	104.4	110.0	110.2	76.6	105.3	104.4
2009	食品饮料	111.7	80.6	139.2	95.9	132.2	112.0
	纺织业	108.9	102.4	122.8	89.0	99.8	104.1
	纺织服装、鞋、帽	111.1	117.1	121.8	87.1	100.2	108.3
	石油加工、炼焦及核燃料	92.3	52.2	141.0	107.6	118.5	105.6
	化学原料及化学制品	110.1	81.8	175.8	126.1	76.2	123.7
	医药	104.9	85.8	133.0	90.7	89.2	101.2
	非金属矿物制品	108.1	90.0	153.0	91.0	99.0	115.7
	黑色金属冶炼及压延	104.9	69.4	175.3	110.8	55.9	107.3
	有色金属冶炼及压延	114.5	73.1	126.5	102.5	0.0	87.2
	通用设备	108.6	92.0	126.6	75.9	90.6	97.2
	专用设备	114.0	90.4	114.4	73.3	96.3	96.2
	交通运输设备	127.9	89.9	134.0	114.0	90.6	112.1
	电气机械及器材	106.8	96.3	134.4	76.3	96.4	104.0
	通信设备、计算机及其他	100.5	93.2	114.9	65.8	99.1	96.7
2010	食品饮料	110.7	47.0	138.4	100.3	40.1	87.6
	纺织业	84.5	38.8	107.8	119.3	102.1	86.2
	纺织服装、鞋、帽	65.4	20.7	114.7	129.1	99.7	89.2
	石油加工、炼焦及核燃料	100.0	54.3	92.4	134.4	102.0	101.8
	化学原料及化学制品	110.9	52.8	95.5	104.1	107.2	95.9
	医药	86.2	43.0	110.2	101.8	107.5	85.9
	非金属矿物制品	94.4	33.3	122.5	125.1	95.6	87.7
	黑色金属冶炼及压延	104.3	84.7	93.3	109.7	131.1	103.1
	有色金属冶炼及压延	106.4	75.3	83.0	102.0	0.0	74.6
	通用设备	83.6	52.2	117.8	157.5	96.9	100.7
	专用设备	88.8	55.6	123.7	136.9	89.3	97.8
	交通运输设备	87.1	45.8	119.3	115.4	93.9	89.4
	电气机械及器材	93.3	56.7	92.6	134.2	101.6	90.9
	通信设备、计算机及其他	114.1	67.9	132.7	189.9	81.2	104.0

年份	工业行业	效率	创新	绿色发展	效益	国际竞争力	行业综合
2011	食品饮料	77.6	117.8	108.2	107.9	181.9	117.1
	纺织业	131.5	122.8	122.6	82.8	98.0	112.3
	纺织服装、鞋、帽	148.4	127.1	96.5	0.0	99.5	97.7
	石油加工、炼焦及核燃料	100.0	131.3	46.6	88.4	139.8	91.8
	化学原料及化学制品	112.0	131.9	92.4	96.5	234.1	117.6
	医药	119.8	153.8	124.0	111.8	175.8	138.3
	非金属矿物制品	126.9	140.3	114.3	93.2	72.6	118.3
	黑色金属冶炼及压延	107.6	78.3	26.5	90.1	62.9	71.3
	有色金属冶炼及压延	118.8	79.9	47.9	101.9	275.3	119.4
	通用设备	136.9	110.5	110.3	85.3	96.5	109.4
	专用设备	121.8	117.6	138.2	97.2	108.4	115.7
	交通运输设备	105.3	123.6	123.5	65.3	127.6	104.8
	电气机械及器材	113.5	135.5	114.0	84.0	115.3	115.7
	通信设备、计算机及其他	86.6	127.3	98.7	95.9	145.1	113.3
2012	食品饮料	116.2	140.2	126.5	83.3	81.0	109.6
	纺织业	94.6	121.3	122.5	124.5	40.2	96.4
	纺织服装、鞋、帽	110.6	275.2	129.4	63.8	33.2	113.6
	石油加工、炼焦及核燃料	100.8	234.6	371.7	91.4	154.3	191.1
	化学原料及化学制品	76.4	159.5	166.3	86.5	72.7	114.0
	医药	82.2	162.2	128.3	86.7	43.5	105.0
	非金属矿物制品	72.6	187.4	63.7	72.3	146.2	109.7
	黑色金属冶炼及压延	122.2	299.2	123.8	98.8	126.8	156.0
	有色金属冶炼及压延	67.9	110.6	175.3	98.1	119.3	116.1
	通用设备	89.8	163.9	159.1	64.0	139.1	117.2
	专用设备	84.0	156.5	155.3	60.2	55.1	104.0
	交通运输设备	85.2	154.1	131.4	71.9	88.7	106.4
	电气机械及器材	84.3	151.5	152.5	78.3	64.2	109.3
	通信设备、计算机及其他	94.8	135.4	125.7	83.8	61.1	103.8
2013	食品饮料	88.0	109.1	48.0	86.3	100.1	86.9
	纺织业	102.4	107.5	81.1	82.3	109.5	99.3
	纺织服装、鞋、帽	90.4	105.3	82.5	100.0	124.8	100.7
	石油加工、炼焦及核燃料	103.5	91.4	94.5	98.6	100.1	97.6

年份	工业行业	效率	创新	绿色发展	效益	国际竞争力	行业综合
2013	化学原料及化学制品	84.2	109.4	57.8	102.1	109.5	89.3
	医药	99.6	107.2	67.7	95.5	100.1	94.7
	非金属矿物制品	84.9	98.8	40.7	101.6	98.9	77.2
	黑色金属冶炼及压延	55.2	52.7	76.3	102.3	107.7	75.1
	有色金属冶炼及压延	125.8	174.1	78.5	106.7	100.1	116.7
	通用设备	86.2	106.7	78.4	105.0	99.4	96.2
	专用设备	94.7	108.1	73.3	97.6	103.1	96.4
	交通运输设备	103.9	113.7	98.9	123.8	100.1	110.2
	电气机械及器材	99.9	107.4	78.8	106.9	100.1	98.4
	通信设备、计算机及其他	107.6	100.7	128.3	95.9	100.4	106.0

附表3　分维度指数（定基）

年份	效率维度	创新维度	可持续发展维度	效益维度	国际竞争力维度
2005	100.0	100.0	100.0	100.0	100.0
2006	112.9	104.8	129.9	119.7	118.8
2007	117.6	111.4	160.7	128.0	139.1
2008	91.8	115.7	184.2	97.3	159.7
2009	95.6	99.0	262.7	91.2	137.1
2010	107.7	53.5	283.2	114.3	125.7
2011	106.3	62.7	265.5	100.0	158.7
2012	100.0	99.2	274.3	70.3	124.6
2013	86.2	93.5	177.4	64.8	123.5

附表4　分维度指数（环比）

年份	效率维度	创新维度	可持续发展维度	效益维度	国际竞争力维度
2005	100.0	100.0	100.0	100.0	100.0
2006	112.9	104.8	129.9	119.7	118.8
2007	104.2	106.6	121.6	108.6	111.6
2008	88.3	103.7	112.3	73.8	112.4
2009	109.3	85.4	139.6	94.7	90.0
2010	98.8	54.9	111.9	126.3	87.8
2011	109.2	119.1	94.7	89.2	140.2
2012	93.2	172.8	149.0	83.8	91.1
2013	93.8	103.3	82.3	101.7	102.8

附表5　分行业工业发展主要指标（2005 年）

工业行业	SML生产效率指数	专利申请数（项）	R&D人员占从业人员比重（%）	R&D经费占产品销售收入比重（%）	新产品销售收入占比（%）	工业能源效率（万元/吨标准煤）	废水排放产出强度（万元/吨）	废气排放产出强度（万元/吨）	工业总产值增长率（%）	贸易竞争力指数
食品饮料	1.000	1894	2.63	0.43	5.63	4.3	0.0843	484.57	12.30	0.217
纺织业	1.000	1297	2.30	0.50	9.80	2.5	0.0732	425.97	8.72	0.495
纺织服装、鞋、帽	1.000	487	1.10	0.40	9.90	9.1	0.5427	3323.07	6.56	0.960
石油加工、炼焦及核燃料	1.000	411	4.10	0.10	4.20	1.0	0.1488	142.96	32.04	−0.097
化学原料及化学制品	1.000	2155	6.00	0.90	11.00	0.7	0.0445	129.09	16.62	−0.363
医药	1.000	2708	7.00	1.50	17.90	3.8	0.1045	653.67	26.28	0.280
非金属矿物制品	1.000	1482	3.00	0.60	8.10	1.1	0.1894	51.24	−7.60	0.321
黑色金属冶炼及压延	1.000	1143	5.90	0.70	12.40	0.2	0.1207	144.21	24.04	−0.150
有色金属冶炼及压延	1.000	1088	5.50	0.80	13.20	1.5	0.2107	100.52	27.13	−0.343
通用设备	1.000	3484	8.10	1.30	26.70	3.1	0.6659	1895.05	3.31	−0.122
专用设备	1.000	2880	6.80	1.60	23.90	12.6	0.5279	1811.46	4.47	−0.409
交通运输设备	1.000	6251	8.90	1.40	36.50	7.1	0.6445	3875.52	8.09	0.036
电气机械及器材	1.000	9528	5.70	1.40	29.40	22.7	1.6614	4988.98	15.49	0.325
通信设备、计算机及其他	1.000	12838	6.70	1.20	25.10	6.9	1.5111	16662.17	19.48	0.139

资料来源：国家统计局。

附表6　分行业工业发展主要指标（2006年）

工业行业	SML生产效率指数	专利申请数（项）	R&D人员占从业人员比重（%）	R&D经费占产品销售收入比重（%）	新产品销售收入占比（%）	工业能源效率（万元/吨标准煤）	废水排放产出强度（万元/吨）	废气排放产出强度（万元/吨）	工业总产值增长率（%）	贸易竞争力指数
食品饮料	1.183	2566	2.90	0.50	7.40	6.2	0.1092	543.65	18.23	0.226
纺织业	1.086	1968	2.20	0.40	9.40	3.1	0.0747	487.75	13.70	0.542
纺织服装、鞋、帽	1.063	355	0.90	0.30	6.50	11.5	0.4395	2863.93	16.80	0.968
石油加工、炼焦及核燃料	1.000	242	4.80	0.10	4.50	1.4	0.1800	191.35	5.40	−0.267
化学原料及化学制品	1.045	2508	6.30	0.80	10.70	1.0	0.0597	179.97	20.00	−0.328
医药	1.013	2383	8.20	1.80	19.10	5.2	0.1167	686.98	14.31	0.275
非金属矿物制品	1.107	1825	3.00	0.50	7.80	1.6	0.2642	60.94	21.00	0.353
黑色金属冶炼及压延	1.045	1837	6.20	0.80	13.30	0.4	0.1663	174.51	19.30	0.200
有色金属冶炼及压延	1.182	1509	6.30	0.70	13.90	2.0	0.3177	149.70	23.80	−0.234
通用设备	1.143	4390	8.20	1.50	25.80	4.3	1.0778	2500.88	21.90	−0.038
专用设备	1.303	3418	8.40	1.70	24.50	19.0	0.6729	3366.46	21.60	−0.293
交通运输设备	1.320	8273	9.40	1.40	41.90	10.6	0.7851	5175.03	23.10	0.024
电气机械及器材	1.262	8775	6.30	1.50	26.40	27.9	2.0226	16663.93	15.70	0.345
通信设备、计算机及其他	1.070	19886	6.10	1.20	24.10	8.0	1.4112	18742.09	20.10	0.151

资料来源：国家统计局。

附表 7　分行业工业发展主要指标（2007 年）

工业行业	SML生产效率指数	专利申请数（项）	R&D人员占从业人员比重（%）	R&D经费占产品销售收入比重（%）	新产品销售收入占比（%）	工业能源效率（万元/吨标准煤）	废水排放产出强度（万元/吨）	废气排放产出强度（万元/吨）	工业总产值增长率（%）	贸易竞争力指数
食品饮料	1.249	2379	3.10	0.50	8.40	5.8	0.1003	620.86	19.57	0.243
纺织业	1.077	4663	2.30	0.50	9.50	2.8	0.0777	634.32	16.20	0.579
纺织服装、鞋、帽	1.018	546	1.20	0.30	8.30	10.6	0.4904	5731.76	16.80	0.970
石油加工、炼焦及核燃料	1.020	204	3.70	0.10	5.30	1.3	0.2189	244.64	13.40	-0.300
化学原料及化学制品	1.244	2870	7.50	1.00	12.70	0.9	0.0750	217.81	21.00	-0.274
医药	1.378	3056	8.90	1.80	19.70	5.1	0.1368	750.34	18.30	0.209
非金属矿物制品	1.154	2178	3.10	0.50	7.90	1.6	0.3592	79.20	24.70	0.380
黑色金属冶炼及压延	1.198	2787	6.90	0.80	14.00	0.4	0.1875	181.04	21.40	0.360
有色金属冶炼及压延	1.079	2062	5.90	0.60	11.80	1.6	0.4687	218.08	17.80	-0.357
通用设备	1.203	5538	8.50	1.50	26.60	3.9	1.4053	4258.46	24.20	0.079
专用设备	1.389	4877	9.00	2.00	26.20	17.7	1.0411	3930.75	21.60	0.071
交通运输设备	1.328	11668	9.90	1.40	40.60	9.5	1.1583	6228.94	26.20	0.111
电气机械及器材	1.149	12215	6.50	1.40	26.00	23.9	2.5186	17732.76	21.50	0.386
通信设备、计算机及其他	1.066	27894	6.70	1.20	24.90	8.6	1.2789	23530.06	18.00	0.171

资料来源：国家统计局。

附表 8　分行业工业发展主要指标（2008 年）

工业行业	SML生产效率指数	专利申请数（项）	R&D人员占从业人员比重（%）	R&D经费占产品销售收入比重（%）	新产品销售收入占比（%）	工业能源效率（万元/吨标准煤）	废水排放产出强度（万元/吨）	废气排放产出强度（万元/吨）	工业总产值增长率（%）	贸易竞争力指数
食品饮料	1.058	5744	3.20	0.50	8.40	6.1	0.1111	775.12	15.83	0.351
纺织业	1.014	6388	2.40	0.60	10.50	2.9	0.0806	703.74	10.50	0.641
纺织服装、鞋、帽	1.008	558	1.00	0.30	6.60	11.5	0.5340	6813.69	12.50	0.965
石油加工、炼焦及核燃料	1.084	5743	3.90	0.10	4.50	1.5	0.2350	263.36	4.30	−0.262
化学原料及化学制品	1.001	5767	7.40	1.00	13.00	1.0	0.0891	259.78	10.00	−0.188
医药	1.162	5192	10.20	1.70	20.90	5.1	0.1393	876.23	17.10	0.188
非金属矿物制品	1.106	5813	3.30	0.60	8.80	1.5	0.4771	101.74	16.90	0.434
黑色金属冶炼及压延	0.927	3335	6.50	0.80	14.90	0.4	0.2284	204.77	8.20	0.450
有色金属冶炼及压延	0.898	13922	5.90	0.70	12.00	1.9	0.6318	285.05	12.30	−0.305
通用设备	1.039	13467	8.50	1.60	25.70	4.6	1.4520	4357.03	16.90	0.120
专用设备	1.004	23700	9.80	1.90	26.10	18.0	1.1779	5909.41	20.50	0.156
交通运输设备	1.026	28978	9.50	1.40	40.00	9.8	1.0161	6891.56	15.20	0.187
电气机械及器材	1.078	46209	6.80	1.50	28.90	21.6	2.6708	18647.57	18.10	0.421
通信设备、计算机及其他	1.112	5744	7.10	1.30	28.70	8.5	1.2348	34405.60	12.00	0.208

资料来源：国家统计局。

244

附表9　分行业工业发展主要指标（2009 年）

工业行业	SML 生产效率指数	专利申请数（项）	R&D人员占从业人员比重（%）	R&D经费占产品销售收入比重（%）	新产品销售收入占比（%）	工业能源效率（万元/吨标准煤）	废水排放产出强度（万元/吨）	废气排放产出强度（万元/吨）	工业总产值增长率（%）	贸易竞争力指数
食品饮料	1.181	4535	1.80	0.60	8.30	7.0	0.1574	1119.27	14.87	0.633
纺织业	1.104	5382	1.50	0.67	14.88	3.1	0.0910	849.69	8.50	0.639
纺织服装、鞋、帽	1.120	1530	0.55	0.34	9.79	12.3	0.6610	7851.42	9.90	0.968
石油加工、炼焦及核燃料	1.000	395	1.88	0.18	3.32	1.3	0.3305	357.29	5.20	−0.213
化学原料及化学制品	1.102	5917	4.49	1.08	14.98	1.1	0.1313	400.03	14.60	−0.268
医药	1.219	4785	7.01	1.83	22.88	5.9	0.1665	1130.91	14.80	0.112
非金属矿物制品	1.195	5283	2.05	0.69	9.76	1.4	0.7065	144.26	14.70	0.424
黑色金属冶炼及压延	0.973	4824	3.38	0.84	13.05	0.3	0.3756	278.06	9.90	0.020
有色金属冶炼及压延	1.028	3178	3.43	0.78	11.09	2.1	0.7925	347.46	12.80	−0.524
通用设备	1.129	10618	5.90	1.80	28.09	5.2	1.9190	5587.48	11.00	0.059
专用设备	1.144	9627	6.37	2.33	29.36	21.8	1.4201	4080.77	13.00	0.130
交通运输设备	1.313	19131	5.42	1.44	45.50	10.5	1.4185	10569.97	18.40	0.120
电气机械及器材	1.151	22541	4.91	1.68	30.67	21.2	3.5488	29282.61	12.00	0.387
通信设备、计算机及其他	1.117	40263	4.95	1.42	26.96	9.8	1.2938	43360.49	5.30	0.201

资料来源：国家统计局。

附表10 分行业工业发展主要指标（2010年）

工业行业	SML生产效率指数	专利申请数（项）	R&D人员占从业人员比重（%）	R&D经费占产品销售收入比重（%）	新产品销售收入占比（%）	工业能源效率（万元/吨标准煤）	废水排放产出强度（万元/吨）	废气排放产出强度（万元/吨）	工业总产值增长率（%）	贸易竞争力指数
食品饮料	1.307	5744	1.19	0.52	7.65	10	0.2012	1385.25	14.93	-0.06
纺织业	0.934	6388	1.06	0.63	17.62	5	0.0941	934.60	11.60	0.66
纺织服装、鞋、帽	0.732	1907	0.42	0.32	9.43	16	0.8856	9519.35	15.00	0.96
石油加工、炼焦及核燃料	1.000	558	1.53	0.16	2.90	2	0.3117	343.54	9.60	-0.21
化学原料及化学制品	1.222	5743	3.29	1.02	13.90	2	0.1263	375.15	15.50	-0.25
医药	1.051	5767	3.28	1.82	24.86	8	0.1902	1259.96	15.20	0.16
非金属矿物制品	1.127	5192	1.48	0.18	9.10	1	0.8544	163.73	20.30	0.38
黑色金属冶炼及压延	1.015	5813	2.45	2.29	12.52	1	0.3629	240.23	11.60	0.19
有色金属冶炼及压延	1.093	3335	2.54	1.69	12.50	2	0.6774	262.40	13.20	-0.51
通用设备	0.944	13922	4.45	1.59	26.79	11	2.3640	6111.19	21.70	0.04
专用设备	1.016	13467	5.12	2.04	28.01	12	1.9286	4791.46	20.60	0.06
交通运输设备	1.143	23700	4.47	1.31	38.66	15	1.8541	14340.39	22.40	0.08
电气机械及器材	1.074	28978	3.87	1.59	32.18	20	3.1695	27356.40	18.70	0.40
通信设备、计算机及其他	1.274	46209	4.59	1.42	27.58	22	1.3672	75649.05	16.90	0.06

资料来源：国家统计局。

附表 11　分行业工业发展主要指标（2011 年）

工业行业	SML生产效率指数	专利申请数（项）	R&D人员占从业人员比重（%）	R&D经费占产品销售收入比重（%）	新产品销售收入占比（%）	工业能源效率（万元/吨标准煤）	废水排放产出强度（万元/吨）	废气排放产出强度（万元/吨）	工业总产值增长率（%）	贸易竞争力指数
食品饮料	1.014	10394	1.40	0.32	0.042	12.15	2497.50	1267.48	16.70	0.32
纺织业	1.228	12711	1.25	0.42	0.101	4.69	1220.53	1079.39	8.30	0.64
纺织服装、鞋、帽	1.086	3565	0.57	0.22	0.061	17.33	6567.60	6776.23	15.60	0.96
石油加工、炼焦及核燃料	1.000	1055	1.87	0.17	0.031	1.88	4034.01	397.29	7.60	-0.08
化学原料及化学制品	1.368	18436	3.91	0.78	0.107	1.60	1921.27	434.58	14.70	0.12
医药	1.260	11115	6.77	1.46	0.160	9.57	3000.36	1400.64	17.90	0.68
非金属矿物制品	1.431	9136	1.47	0.36	0.037	1.25	14401.40	186.19	18.40	0.13
黑色金属冶炼及压延	1.092	8381	3.34	0.78	0.104	0.99	4820.74	232.05	9.70	-0.08
有色金属冶炼及压延	1.298	6519	3.13	0.52	0.093	2.27	9472.63	277.21	13.60	-0.07
通用设备	1.293	33060	4.19	1.01	0.148	10.44	33337.38	14760.32	17.40	0.02
专用设备	1.238	32022	5.85	1.40	0.172	13.65	39917.40	15680.27	19.80	0.11
交通运输设备	1.204	38829	4.99	1.25	0.319	15.77	47275.48	36962.75	12.00	0.25
电气机械及器材	1.219	57713	4.56	1.25	0.220	21.91	51791.23	52900.77	14.50	0.54
通信设备、计算机及其他	1.104	71890	4.80	1.48	0.287	24.74	14434.49	81592.82	15.90	0.33

资料来源：国家统计局。

247

附表 12　分行业工业发展主要指标（2012 年）

工业行业	SML生产效率指数	专利申请数（项）	R&D人员占从业人员比重（%）	R&D经费占产品销售收入占比重（%）	新产品销售收入入占比（%）	工业能源效率（万元/吨标准煤）	废水排放产出强度（万元/吨）	废气排放产出强度（万元/吨）	工业总产值增长率（%）	贸易竞争力指数
食品饮料	1.179	10643	1.08	1.08	0.048	14.18	2738.776	1533.64	12.63	0.1602
纺织业	1.162	12082	0.98	0.98	0.105	5.17	1620.611	1218.71	12.20	-0.0564
纺织服装、鞋、帽	1.202	6951	0.69	0.69	0.073	19.53	9818.729	10080.01	7.20	-0.0322
石油加工、炼焦及核燃料	1.008	1441	1.61	1.61	0.044	2.12	5053.154	479.12	6.30	0.1602
化学原料及化学制品	1.045	23143	3.23	3.23	0.116	1.87	1689.509	548.66	11.70	-0.0564
医药	1.036	14976	5.57	5.57	0.169	10.51	3568.445	1571.78	14.50	-0.0018
非金属矿物制品	1.039	11711	1.47	1.47	0.041	1.52	5419.431	224.13	11.20	0.4380
黑色金属冶炼及压延	1.335	12112	5.28	5.28	0.106	1.28	348.712	316.85	9.50	0.0450
有色金属冶炼及压延	0.881	8026	1.59	1.59	0.097	2.72	4108.300	352.51	13.20	0.0146
通用设备	1.161	42136	3.96	3.96	0.165	10.93	44095.608	16601.81	8.40	0.2354
专用设备	1.040	43050	4.95	4.95	0.180	15.90	44904.099	14557.44	8.90	-0.1749
交通运输设备	1.025	47433	4.47	4.47	0.284	24.10	27039.989	21419.75	6.50	0.1602
电气机械及器材	1.027	82406	3.85	3.85	0.216	23.87	59768.342	51650.42	9.70	0.1602
通信设备、计算机及其他	1.046	74811	4.53	4.53	0.276	26.64	13293.520	94601.92	12.10	-0.0023

　　资料来源：国家统计局。

附表 13　分行业工业发展主要指标（2013 年）

工业行业	SML生产效率指数	专利申请数（项）	R&D人员占从业人员比重（%）	R&D经费占产品销售收入比重（%）	新产品销售收入占比（%）	工业能源效率（万元/吨标准煤）	废水排放产出强度（万元/吨）	废气排放产出强度（万元/吨）	工业总产值增长率（%）	贸易竞争力指数
食品饮料	1.037	12765	1.12	1.12	0.035	6.52	1987.526	904.50	9.87	-0.0023
纺织业	1.190	11457	1.10	1.10	0.112	4.72	964.696	767.88	8.70	0.1606
纺织服装、鞋、帽	1.087	6347	0.75	0.75	0.077	18.61	6334.423	6525.28	7.20	-0.0119
石油加工、炼焦及核燃料	1.043	1600	1.48	1.48	0.065	2.00	4821.172	462.47	6.10	0.0898
化学原料及化学制品	0.880	27165	3.44	3.44	0.120	1.30	1055.530	337.31	12.10	0.1606
医药	1.031	17124	5.91	5.91	0.175	7.10	2640.858	1182.66	13.50	-0.0119
非金属矿物制品	0.882	15369	1.30	1.30	0.047	0.77	2506.497	105.62	11.50	-0.0014
黑色金属冶炼及压延	0.736	13874	2.58	2.58	0.104	1.12	275.449	256.13	9.90	0.4270
有色金属冶炼及压延	1.109	9022	2.81	2.81	0.112	2.54	2944.219	236.33	14.60	0.0890
通用设备	1.001	49305	4.03	4.03	0.170	16.79	26288.437	10554.95	9.20	0.0150
专用设备	0.984	53037	5.07	5.07	0.184	16.30	27475.731	10705.65	8.50	0.2306
交通运输设备	1.065	57377	4.91	4.91	0.257	26.22	24154.091	20749.06	9.85	-0.1641
电气机械及器材	1.026	88960	4.11	4.11	0.227	24.62	43269.566	35736.57	10.90	0.1606
通信设备、计算机及其他	1.126	78154	4.44	4.44	0.313	49.63	12937.236	97233.06	11.30	0.1606

资料来源：国家统计局。

附录3　工业地区发展指数

附表14　工业发展指数

年份 地区	2005	2006	2007	2008	2009	2010	2011	2012	2013
北京	0.602	0.546	0.622	0.669	0.649	0.695	0.708	0.719	0.742
天津	0.617	0.580	0.576	0.636	0.632	0.643	0.659	0.642	0.669
河北	0.445	0.452	0.449	0.395	0.468	0.451	0.461	0.474	0.485
山西	0.461	0.471	0.485	0.466	0.473	0.513	0.519	0.461	0.462
内蒙古	0.593	0.518	0.512	0.519	0.569	0.521	0.608	0.499	0.526
辽宁	0.450	0.449	0.486	0.478	0.509	0.516	0.515	0.461	0.487
吉林	0.447	0.489	0.536	0.483	0.561	0.551	0.520	0.480	0.623
黑龙江	0.554	0.595	0.595	0.590	0.589	0.646	0.636	0.500	0.568
上海	0.551	0.561	0.569	0.558	0.607	0.648	0.627	0.607	0.662
江苏	0.477	0.499	0.513	0.513	0.573	0.550	0.544	0.545	0.587
浙江	0.490	0.500	0.523	0.522	0.557	0.584	0.583	0.575	0.588
安徽	0.438	0.470	0.500	0.494	0.572	0.572	0.572	0.550	0.563
福建	0.480	0.496	0.520	0.511	0.535	0.576	0.563	0.542	0.539
江西	0.521	0.490	0.496	0.442	0.622	0.521	0.469	0.484	0.458
山东	0.491	0.474	0.478	0.506	0.529	0.529	0.503	0.490	0.512
河南	0.524	0.482	0.500	0.477	0.496	0.511	0.456	0.466	0.467
湖北	0.463	0.509	0.525	0.537	0.574	0.600	0.561	0.531	0.548

年份\地区	2005	2006	2007	2008	2009	2010	2011	2012	2013
湖南	0.564	0.522	0.556	0.550	0.660	0.637	0.575	0.564	0.563
广东	0.566	0.560	0.605	0.592	0.645	0.635	0.656	0.630	0.667
广西	0.512	0.501	0.491	0.430	0.509	0.513	0.534	0.478	0.498
海南	0.541	0.525	0.477	0.470	0.529	0.549	0.594	0.542	0.563
重庆	0.509	0.568	0.563	0.564	0.759	0.628	0.662	0.559	0.547
四川	0.524	0.555	0.540	0.507	0.533	0.531	0.526	0.520	0.508
贵州	0.484	0.520	0.553	0.518	0.512	0.580	0.523	0.609	0.590
云南	0.533	0.544	0.529	0.528	0.538	0.523	0.548	0.532	0.543
陕西	0.563	0.600	0.641	0.549	0.599	0.632	0.582	0.592	0.642
甘肃	0.428	0.460	0.474	0.458	0.473	0.492	0.497	0.461	0.454
青海	0.522	0.572	0.573	0.522	0.521	0.514	0.571	0.449	0.471
宁夏	0.417	0.420	0.468	0.465	0.480	0.476	0.473	0.463	0.478
新疆	0.547	0.565	0.511	0.520	0.491	0.540	0.516	0.481	0.483

附表15 工业发展定基指数（2005年＝100）

年份\地区	2005	2006	2007	2008	2009	2010	2011	2012	2013
北京	100	90.8	103.4	111.1	107.9	115.4	117.6	119.4	123.3
天津	100	94.0	93.2	103.0	102.3	104.1	106.8	104.0	108.4
河北	100	101.4	100.7	88.7	105.2	101.3	103.4	106.5	108.9
山西	100	102.1	105.2	101.1	102.6	111.3	112.6	100.1	100.2
内蒙古	100	87.5	86.4	87.5	95.9	88.0	102.6	84.1	88.8
辽宁	100	99.8	107.9	106.1	112.9	114.6	114.3	102.4	108.0
吉林	100	109.4	120.0	108.1	125.7	123.3	116.5	107.4	139.5
黑龙江	100	107.4	107.5	106.4	106.3	116.6	114.8	90.3	102.6
上海	100	101.7	103.2	101.3	110.2	117.6	113.7	110.1	120.2
江苏	100	104.7	107.6	107.7	120.3	115.4	114.1	114.4	123.0
浙江	100	102.0	106.7	106.6	113.7	119.1	118.9	117.3	119.9
安徽	100	107.3	114.2	112.8	130.6	130.6	130.7	125.7	128.5
福建	100	103.4	108.4	106.6	111.5	120.1	117.5	113.1	112.4

年份 地区	2005	2006	2007	2008	2009	2010	2011	2012	2013
江西	100	94.0	95.1	84.8	119.2	99.9	89.9	92.8	87.8
山东	100	96.6	97.4	103.1	107.8	107.7	102.5	99.8	104.4
河南	100	92.0	95.5	91.1	94.5	97.5	87.0	88.9	89.1
湖北	100	109.9	113.4	115.9	124.0	129.6	121.1	114.6	118.4
湖南	100	92.6	98.7	97.6	117.0	113.0	102.0	100.1	99.9
广东	100	98.8	106.8	104.6	113.9	112.1	115.8	111.3	117.8
广西	100	97.8	95.9	83.9	99.4	100.2	104.4	93.4	97.2
海南	100	97.0	88.2	86.9	97.9	101.6	109.9	100.2	104.1
重庆	100	111.6	110.7	110.9	149.2	123.4	130.2	109.9	107.5
四川	100	105.9	103.1	96.8	101.7	101.4	100.5	99.3	97.1
贵州	100	107.5	114.3	107.0	105.8	119.8	108.0	125.9	121.8
云南	100	102.0	99.2	99.0	100.9	98.0	102.8	99.7	101.8
陕西	100	106.6	113.8	97.6	106.5	112.2	103.5	105.1	114.1
甘肃	100	107.4	110.6	106.9	110.3	114.7	115.9	107.6	105.9
青海	100	109.6	109.8	100.1	99.8	98.6	109.4	86.0	90.2
宁夏	100	100.8	112.2	111.6	115.2	114.3	113.6	111.1	114.8
新疆	100	103.3	93.4	95.0	89.8	98.7	94.3	87.9	88.2

附表 16　工业发展环比指数（上年 = 100）

年份 地区	2005	2006	2007	2008	2009	2010	2011	2012	2013
北京	100	90.8	113.9	107.5	97.1	107.0	101.9	101.6	103.2
天津	100	94.0	99.2	110.5	99.3	101.7	102.6	97.4	104.2
河北	100	101.4	99.3	88.0	118.6	96.3	102.2	102.9	102.3
山西	100	102.1	103.0	96.1	101.5	108.5	101.1	88.9	100.2
内蒙古	100	87.5	98.8	101.3	109.6	91.7	116.6	82.0	105.6
辽宁	100	99.8	108.1	98.3	106.4	101.5	99.7	89.6	105.5
吉林	100	109.4	109.7	90.1	116.3	98.1	94.5	92.2	129.9
黑龙江	100	107.4	100.1	99.0	99.9	109.6	98.5	78.6	113.6
上海	100	101.7	101.5	98.1	108.8	106.7	96.7	96.8	109.2

续表

年份 地区	2005	2006	2007	2008	2009	2010	2011	2012	2013
江苏	100	104.7	102.8	100.0	111.7	96.0	98.8	100.3	107.5
浙江	100	102.0	104.6	99.9	106.7	104.7	99.9	98.7	102.2
安徽	100	107.3	106.4	98.8	115.8	100.0	100.1	96.2	102.2
福建	100	103.4	104.8	98.4	104.5	107.8	97.8	96.3	99.4
江西	100	94.0	101.2	89.2	140.6	83.8	90.0	103.1	94.6
山东	100	96.6	100.9	105.8	104.6	100.0	95.1	97.4	104.6
河南	100	92.0	103.8	95.4	103.8	103.2	89.2	102.2	100.2
湖北	100	109.9	103.2	102.2	107.0	104.5	93.4	94.6	103.4
湖南	100	92.6	106.6	98.9	119.9	96.6	90.3	98.1	99.9
广东	100	98.8	108.1	97.9	108.9	98.5	103.2	96.1	105.9
广西	100	97.8	98.0	87.5	118.4	100.8	104.2	89.5	104.1
海南	100	97.0	90.9	98.6	112.6	103.8	108.2	91.2	103.9
重庆	100	111.6	99.2	100.2	134.6	82.7	105.5	84.5	97.8
四川	100	105.9	97.4	93.9	105.0	99.8	99.1	98.8	97.8
贵州	100	107.5	106.3	93.7	98.9	113.2	90.2	116.6	96.8
云南	100	102.0	97.2	99.8	101.9	97.1	104.8	97.0	102.0
陕西	100	106.6	106.8	85.7	109.1	105.4	92.2	101.6	108.6
甘肃	100	107.4	102.9	96.7	103.2	104.0	101.0	92.9	98.4
青海	100	109.6	100.2	91.2	99.6	98.8	111.0	78.6	104.9
宁夏	100	100.8	111.3	99.4	103.3	99.2	99.4	97.8	103.3
新疆	100	103.3	90.5	101.6	94.5	109.9	95.6	93.2	100.4

附表17　SML指数

年份 地区	2005	2006	2007	2008	2009	2010	2011	2012	2013
北京	1.241	1.068	1.113	1.133	1.069	1.112	1.052	1.043	1.122
天津	1.052	1.113	1.087	1.147	1.063	1.028	1.144	1.071	1.121
河北	1.013	1.020	1.023	0.875	1.052	1.001	1.055	1.092	1.102
山西	1.016	1.020	1.036	0.997	0.997	1.085	1.111	1.004	1.020
内蒙古	1.315	1.085	1.000	1.052	1.184	1.026	1.384	1.019	1.125

年份 地区	2005	2006	2007	2008	2009	2010	2011	2012	2013
辽宁	0.950	1.017	1.047	1.032	1.041	1.065	1.144	1.026	1.079
吉林	0.947	1.037	1.163	1.015	1.093	1.120	1.151	1.037	1.555
黑龙江	0.878	0.978	1.013	0.957	1.028	1.084	1.135	0.866	1.145
上海	1.041	1.051	1.068	1.084	1.064	1.148	1.106	1.034	1.145
江苏	1.020	1.077	1.070	1.022	1.114	1.006	1.055	1.031	1.122
浙江	1.033	1.047	1.096	1.051	1.054	1.074	1.110	1.043	1.010
安徽	0.921	0.999	1.032	0.977	1.100	1.087	1.126	1.017	1.019
福建	1.000	1.041	1.094	1.043	1.020	1.113	1.123	1.042	1.002
江西	1.046	0.951	0.985	0.776	1.330	1.040	1.045	1.100	1.004
山东	1.033	0.978	0.989	1.033	1.041	0.988	1.044	1.024	1.086
河南	1.175	0.979	1.049	0.945	0.970	1.023	0.971	0.997	0.983
湖北	0.955	1.048	1.067	1.052	1.071	1.169	1.144	1.069	1.115
湖南	1.140	1.006	1.045	0.959	1.063	1.015	1.097	1.060	1.067
广东	1.107	1.031	1.098	1.041	1.088	1.022	1.189	1.047	1.149
广西	1.050	1.038	0.974	0.823	1.047	1.001	1.188	1.022	1.028
海南	1.112	1.180	1.130	1.096	1.080	1.124	1.178	1.025	1.036
重庆	0.929	1.061	0.992	0.956	1.439	1.031	1.238	0.986	0.932
四川	1.074	1.089	1.050	1.008	1.049	1.043	1.124	1.036	0.983
贵州	1.005	0.979	1.107	1.002	0.987	1.027	1.064	1.234	1.128
云南	1.038	1.109	1.003	1.081	1.060	1.016	1.078	1.034	1.084
陕西	1.026	1.169	1.309	0.937	1.090	1.094	1.014	1.070	1.172
甘肃	0.994	1.027	1.045	1.036	1.039	1.076	1.158	1.043	1.054
青海	1.067	1.164	1.166	1.066	1.115	1.055	1.276	0.994	0.992
宁夏	1.000	1.003	1.096	1.093	1.055	1.045	1.046	1.031	1.052
新疆	1.127	1.135	0.951	1.021	0.983	1.058	1.025	1.004	1.059

附录4　工业总体发展数据附表

附表18　2000～2014年全部工业增加值增速和工业占GDP比重情况

单位：%

年份	工业增加值增速	工业GDP占比
2000	9.8	40.4
2001	8.7	39.7
2002	10	39.4
2003	12.8	40.5
2004	11.5	40.8
2005	11.6	41.8
2006	12.9	42.2
2007	14.9	41.6
2008	9.9	41.5
2009	8.7	39.7
2010	12.1	40.1
2011	10.4	40.0
2012	7.7	38.5
2013	7.6	37.0
2014	7.0	35.8

附表19　2010～2015年上半年规模以上工业增加值分月增速

单位：%

时间	2010年	2011年	2012年	2013年	2014年	2015年
1～2月	20.7	14.1	11.4	9.9	8.6	6.8
3月	18.1	14.8	11.9	8.9	8.8	5.6
4月	17.8	13.4	9.3	9.3	8.7	5.9
5月	16.5	13.3	9.6	9.2	8.8	6.1
6月	13.7	15.1	9.5	8.9	9.2	6.8
7月	13.4	14.0	9.2	9.7	9.0	
8月	13.9	13.5	8.9	10.4	6.9	
9月	13.3	13.8	9.2	10.2	8.0	
10月	13.1	13.2	9.6	10.3	7.7	
11月	13.3	12.4	10.1	10.0	7.2	
12月	13.5	12.8	10.3	9.7	7.9	

附表20　2010～2014年主要工业产品产量增速

单位：%

年份	2010	2011	2012	2013	2014
原煤	8.81	8.81	3.69	0.82	5.16
原油	6.82	0.23	2.03	0.97	1.16
天然气	11.23	8.27	4.41	9.17	11.20
卷烟	3.72	3.04	2.81	1.76	1.93
纱	14.37	15.37	16.37	17.37	18.37
硫酸	18.95	5.53	2.72	5.68	8.91
烧碱	21.61	11.00	9.00	6.04	7.00
纯碱	4.63	12.74	5.00	1.08	3.26
乙烯	32.51	7.47	−2.66	9.13	4.57
农用氮、磷、钾化肥	−0.74	−1.97	17.43	−3.55	−2.13
化学纤维	12.47	9.71	12.09	8.47	6.50
水泥	14.47	11.55	5.28	9.50	2.48
粗钢	11.37	7.54	4.65	8.63	5.60
十种有色金属	17.84	10.08	6.89	10.42	8.02
汽车	32.40	0.83	4.67	14.73	7.27

年份	2010	2011	2012	2013	2014
大中型拖拉机	-9.29	19.33	15.20	26.78	9.71
家用电冰箱	23.02	19.24	-3.13	9.90	-5.02
房间空气调节器	34.78	27.78	-4.54	-1.69	10.77
移动通信手持机	46.39	13.45	4.32	23.20	11.79
微型计算机设备	34.97	30.31	10.53	-4.94	4.21
彩色电视机	19.51	3.39	4.84	-0.37	10.59
发电量	13.26	12.02	4.77	9.31	4.67

附表21 2001~2012年工业万元增加值能耗和降速

年份	万元增加值能耗 （吨标准煤）	万元增加值能耗降速 （%）	工业能耗比重 （%）	制造业能耗比重 （%）
2001	2.3	5.4	68.6	
2002	2.2	2.7	68.6	
2003	2.2	-1.0	69.6	
2004	2.2	0.9	70.5	
2005	2.2	0.6	71.5	
2006	2.0	7.3	71.5	
2007	1.8	10.4	71.5	
2008	1.6	11.4	71.8	59.1
2009	1.6	-0.9	71.5	58.9
2010	1.4	11.4	71.1	58.0
2011	1.2	14.2	70.8	57.6
2012	1.2	2.8	69.8	56.9

附表22 2000~2013年工业万元增加值用水量

单位：立方米

年份	单位工业增加值用水量
2000	285
2001	262
2002	239

年份	单位工业增加值用水量
2003	218
2004	204
2005	166
2006	154
2007	140
2008	127
2009	116
2010	108
2011	82
2012	72
2013	68

附表 23　2000～2013 年工业万元增加值废水排放量

单位：吨

年份	万元增加值废水排放量
2000	48.51
2001	46.49
2002	43.68
2003	38.64
2004	33.91
2005	31.48
2006	26.31
2007	22.31
2008	19.32
2009	17.33
2010	14.78
2011	12.25
2012	11.10
2013	9.96

附表 24　2011～2013 年工业万元增加值废气排放量

单位：千克

年份	氮氧化合物排放量	烟粉尘排放量
2011	9.18	6.79
2012	8.30	6.19
2013	7.34	6.07

附表 25　2001～2013 年工业固体废物综合利用率

单位：%

年份	工业固体废物综合利用率
2001	52.1
2002	51.9
2003	54.8
2004	55.7
2005	56.1
2006	60.2
2007	62.1
2008	64.3
2009	67.0
2010	66.7
2011	59.8
2012	60.9
2013	62.2

附表 26　规模以上工业企业当月增加值累计增速

单位：%

时间	规模以上工业企业	采矿业	制造业	电力、热力、燃气及水生产和供应业
2013 年 8 月	10.4	5.8	10.9	12.5
2013 年 9 月	10.2	4.9	11.1	9.3
2013 年 10 月	10.3	4.3	11.4	7.6
2013 年 11 月	10	5.6	11.0	6.9

时间	规模以上工业企业	采矿业	制造业	电力、热力、燃气及水生产和供应业
2013 年 12 月	9.7	5.4	10.7	6.0
2014 年 1 月	7.9	—	—	—
2014 年 2 月	9.3	—	—	—
2014 年 3 月	8.8	2.9	9.9	5.4
2014 年 4 月	8.7	4.5	9.8	3.4
2014 年 5 月	8.8	4.3	9.9	4.6
2014 年 6 月	9.2	7.9	9.8	4.7
2014 年 7 月	9.0	6.2	10.0	1.9
2014 年 8 月	6.9	4.2	8.0	-0.6
2014 年 9 月	8.0	3.9	9.1	2.8
2014 年 10 月	7.7	4.7	8.5	2.9
2014 年 11 月	7.2	3.0	8.1	3.2
2014 年 12 月	7.9	3.4	8.9	3.7
2015 年 1 月	7.4	—	—	—
2015 年 2 月	6.1	—	—	—
2015 年 3 月	5.6	1.4	6.7	-1.1
2015 年 4 月	5.9	2.8	6.5	2.0
2015 年 5 月	6.1	3.9	6.7	2.2
2015 年 6 月	6.8	2.7	7.7	2.1
2015 年 7 月	—	5.6	6.6	—

附表 27　规模以上工业增加值增速

单位：%

指标 \ 时间	2013 年	2014 年	2015 年上半年
煤炭开采和洗选业	5.7	2.5	0.6
石油和天然气开采业	2.3	3.5	5.7
黑色金属矿采选业	15.0	10.6	6.0
有色金属矿采选业	9.5	7.4	2.8
非金属矿采选业	12.0	7.8	7.4

时间\指标	2013 年	2014 年	2015 年上半年
开采辅助活动	5.1	− 3.3	− 9.4
其他采矿业	12.6	− 3.0	− 2.7
农副食品加工业	9.4	7.7	4.9
食品制造业	10.0	8.6	6.8
酒、饮料和精制茶制造业	10.2	6.5	8.2
烟草制品业	7.2	8.2	3.0
纺织业	8.7	6.7	7.1
纺织服装、服饰业	7.2	7.2	5.1
皮革、毛皮、羽毛及其制品和制鞋业	8.1	6.2	5.2
木材加工和木、竹、藤、棕、草制品业	11.7	9.5	6.0
家具制造业	10.2	8.7	6.5
造纸和纸制品业	8.4	6.5	5.2
印刷和记录媒介复制业	11.9	10.0	7.2
文教、工美、体育和娱乐用品制造业	13.5	13.6	8.4
石油加工、炼焦和核燃料加工业	6.1	5.4	7.8
化学原料和化学制品制造业	12.1	10.3	9.6
医药制造业	13.5	12.3	10.1
化学纤维制造业	10.3	8.5	12.0
橡胶和塑料制品业	10.7	8.6	8.3
非金属矿物制品业	11.5	9.3	6.4
黑色金属冶炼和压延加工业	9.9	6.2	5.2
有色金属冶炼和压延加工业	14.6	12.4	10.5
金属制品业	12.4	11.6	8.3
通用设备制造业	9.2	9.1	3.5
专用设备制造业	8.5	6.9	2.7
汽车制造业	14.9	11.8	6.7
铁路、船舶、航空航天和其他运输设备制造业	4.8	12.7	9.8
电气机械和器材制造业	10.9	9.4	7.2
计算机、通信和其他电子设备制造业	11.3	12.2	10.8
仪器仪表制造业	11.6	9.4	6.6
其他制造业	2.3	5.2	7.4

时间 指标	2013 年	2014 年	2015 年 上半年
废弃资源综合利用业	15.4	16.5	18.6
金属制品、机械和设备修理业	15.5	12.1	4.8
电力、热力生产和供应业	6.2	2.2	1.2
燃气生产和供应业	17.4	16.5	13.4
水的生产和供应业	6.7	7.4	6.1

附表 28　2013 年 11 月 ~ 2014 年 12 月东部、中部、西部地区工业增加值增长情况

单位：%

时间	东部	中部	西部
2013 年 11 月	9.2	11.6	10
2013 年 12 月	8.9	10.5	11.3
2014 年 1 ~ 2 月	7.8	9.4	10.3
2014 年 3 月	8.6	7.9	10.4
2014 年 4 月	8.1	8.8	11
2014 年 5 月	8.3	8.7	10.8
2014 年 6 月	9	8.1	11.7
2014 年 7 月	8.5	8.9	10.9
2014 年 8 月	6.3	7.1	9.4
2014 年 9 月	7.3	8.1	10.7
2014 年 10 月	6.8	8	10.4
2014 年 11 月	5.6	8.6	10.8
2014 年 12 月	7.1	8.1	10.6

附录5　行业发展数据附表

附表29　"十一五"期间中国主要钢铁产品产量与粗钢产量

单位：亿吨

年份	生铁产量	粗钢产量	成品钢材产量
2000	1.31	1.29	1.31
2005	3.44	3.53	3.78
2006	4.12	4.19	4.69
2007	4.77	4.89	5.66
2008	4.71	5.00	5.82
2009	5.44	5.77	6.96
2010	5.90	6.27	7.96
2011	6.41	6.85	8.86
2012	6.58	7.17	9.53
2013	7.11	8.13	10.82
2014	7.13	8.22	11.25

资料来源：国家统计局。

附表30 "十一五"期间钢材进出口情况

单位：万吨

年份	钢材出口数量	钢坯及粗锻件出口数量	钢材进口数量	钢坯及粗锻件进口数量	折粗钢净出口
2004	1423	606	2930	386	−1383
2005	2052	707	2582	131	12
2006	4301	904	1851	37	3473
2007	6265	643	1687	24	5489
2008	5923	129	1543	25	4760
2009	2460	4	1763	459	286
2010	4256	14	1643	64	2919
2011	4888	—	1558	—	3479
2012	5573	—	1366	—	4438
2013					
2014	9378		1443	—	8153

资料来源：国家统计局

附表31 重点钢铁企业各主要生产工序能耗情况

单位：kgce/t

年份	吨钢综合能耗	吨钢可比能耗	烧结	球团	焦化	炼铁	转炉	电炉	轧钢
2005	694	714.1	64.8	39.96	142.2	456.8	36.3	96.9	76.2
2006	645	623.0	55.6	33.08	123.1	433.1	9.1	81.3	65.0
2007	628	614.6	55.2	30.12	121.7	426.8	6.0	81.3	63.1
2008	629.9	609.6	55.5	30.49	120.0	427.7	5.7	80.8	59.6
2009	619.4	595.4	55.0	29.96	112.3	410.7	3.2	73.4	57.7
2010	604.6	—	52.7	29.1	105.89	407.7	−0.2	74.0	61.1
2011	603.68	—	54.3	29.6	106.65	404.1	−3.21	69.0	60.9
2012	602.71	—	50.60	28.75	102.72	401.82	—	—	—
2013	591.92	—	49.98	28.74	99.87	397.94	−7.33	61.87	59.36
2014	584.70	—	48.90	27.49	98.15	395.31	−9.99	59.15	

资料来源：中国钢铁工业协会。

附表 32　钢铁工业主要经济效应指标

时间	产品销售收入（亿元）	利润总额（亿元）	销售利润率（%）	亏损企业亏损额（亿元）	亏损面（%）	成本费用利润率（%）	
						钢铁	工业
2006 年 11 月	23076	1168	5.1	62	24.0	5.4	6.5
2007 年 11 月	31604	1732	5.5	49	16.8	5.8	7.0
2008 年 11 月	42080	1475	3.5	187	23.5	3.7	5.9
2009 年 11 月	39154	812	2.1	267	27.1	2.1	5.9
2010 年 11 月	49624	1283	2.6	185	17.9	2.7	6.8
2011 年 12 月	66789	1737	2.6	263	17.3	2.7	7.1
2012 年 12 月	70904	1229	1.73	805	19.1	1.8	6.6
2013 年 12 月	76317	1695	2.22	447	17.6	2.29	6.6
2014 年 12 月	75028	1647	2.20	557	18.2	2.25	6.4

资料来源：国家统计局。

附表 33　"十一五"期间钢铁工业固定资产投资完成额及增长率

年份	黑色金属冶炼及压延加工业固定资产投资总额（亿元）	黑色金属冶炼及压延加工业固定资产投资总额增速（%）
2005	2281.49	27.5
2006	2246.5	−2.5
2007	2563.07	12.2
2008	3240.28	23.8
2009	3206.12	−1.3
2010	3465.02	6.1
2011	3860.48	11.4
2012	5055.00	3.0
2013	5060.00	−2.1
2014	4789.00	−5.9

资料来源：国家统计局。

附表 34　2005 年以来铁矿石进口量值与平均价格

年份	铁矿砂及其精矿进口数量（亿吨）	铁矿砂及其精矿进口总值（亿美元）	铁矿砂及其精矿进口平均价格（美元/吨）
2005	2.75	183.7	66.7
2006	3.26	209.2	64.1
2007	3.83	338.0	88.2
2008	4.44	605.3	136.5
2009	6.28	501.4	79.9
2010	6.19	794.3	128.4
2011	6.86	1124.1	163.7
2012	7.44	956.8	128.6
2013	8.19	1061.7	129.6
2014	9.32	934.4	100.3

资料来源：海关总署。

附表 35　中国钢铁工业增加值与主要产品产量增速

单位：%

年份	工业增加值增速	生铁产量增速	粗钢产量增速	成品钢材产量增速
2006	19.3	19.8	18.5	24.5
2007	21.4	15.2	15.7	22.7
2008	8.2	-0.2	1.1	3.6
2009	9.9	15.9	13.5	18.5
2010	11.6	7.4	9.3	14.7
2011	9.7	8.4	8.9	12.3
2012	9.5	3.7	3.1	7.7
2013	9.9	8.05	7.5	11.4
2014	6.2	0.2	0.9	4.5

资料来源：国家统计局。

附表 36　中国钢铁工业大中型企业主要技术创新指标

年份	专利申请数（项）	R&D 人员占从业人员比重（％）	R&D 经费占产品销售收入比重（％）
2005	1143	5.9	0.7
2006	1837	6.2	0.8
2007	2787	6.9	0.8
2008	3529	6.5	0.8
2009	4824	3.4	0.8
2010	5813	2.45	0.8
2011	8381	3.34	0.8
2012	12112	5.28	0.8
2013	13874	2.58	0.8

资料来源：《中国科技统计年鉴》。

附表 37　有色金属工业固定资产投资完成额及增长率

年份	有色金属冶炼及压延加工业固定资产投资总额（亿元）	有色金属冶炼及压延加工业固定资产投资总额增速（％）
2005	761.2	32.9
2006	962.7	26.5
2007	1295.6	34.6
2008	1885.5	45.5
2009	2153.8	14.2
2010	2867.5	33.1
2011	3861.3	34.6
2012	5516	15.5
2013	6608.7	19.8
2014	6912.5	4.6

资料来源：国家统计局。

附表 38　有色金属子行业产品销售收入

单位：亿元

时间	有色金属压延加工业	有色金属冶炼业	有色金属合金制造业
2006 年 1～11 月	4809.75	5298.64	338.54
2007 年 1～11 月	6865.91	7372.59	453.68
2008 年 1～11 月	8461.05	7830.48	589.47
2009 年 1～11 月	8763.70	7235.47	696.89
2010 年 1～11 月	12249.24	10258.59	1008.44
2011 年 1～12 月	16656.02	15005.93	1700.68
2012 年 1～12 月	16663.65	17589.61	2049.00
2013 年 1～12 月	20251.04	18807.8	2793.20
2014 年 1～12 月	22220.81	19948.61	3481.49

资料来源：国家统计局。

附表 39　有色金属工业主要创新指标

年份	R&D 人员占从业人员比重（%）	R&D 经费占产品销售收入比重（%）	新产品销售收入占产品销售收入比重（%）	专利申请数（件）
2005	5.5	0.8	13.2	1088
2006	6.3	0.7	13.9	1509
2007	5.9	0.6	11.8	2062
2008	5.9	0.7	12	3034
2009	3.4	0.8	11.1	3178
2010	2.5	1.7	12.5	3335
2011	3.1	0.5	9.3	6519

附表 40　2014 年机床工具出口结构

出口去向	出口额（亿美元）	同比增长（%）	主要产品	出口额（亿美元）	同比增长（%）	出口来源	出口额（亿美元）	同比增长（%）
美国	16.6	11.6	金属加工	34.0	18.8	华东	50.1	12.2
越南	11.4	231.7	金属切削	22.7	20.6	华南	21.5	42.6
日本	9.7	24.6	成形机床	11.2	15.3	华北	20.6	14.7

资料来源：中国机床工业行业协会。

附表 41　2014 年车型前十家生产企业销量排名

排名	汽车		乘用车		商用车	
	企业名称	销量（万辆）	企业名称	销量（万辆）	企业名称	销量（万辆）
1	上汽	558.37	一汽大众	178.09	北汽福田	54.79
2	东风	380.25	上海大众	172.50	东风公司	50.02
3	一汽	308.61	上海通用	172.39	金杯股份	28.38
4	长安	254.78	上海通用五菱	158.64	江淮	25.84
5	北汽	240.09	北京现代	112.00	江铃	24.88
6	广汽	117.23	重庆长安	97.33	一汽	23.38
7	华晨	80.17	东风日产	95.42	上汽通用五菱	21.95
8	长城	73.08	长安福特	80.60	重汽	17.61
9	奇瑞	48.61	神龙	70.40	重庆长安	13.88
10	江淮	46.47	东风悦达	64.60	长城	11.83
合计（万辆）		2107.66	1201.97		272.59	
占比（%）		89.72	61.01		71.90	

资料来源：中国汽车工业行业协会。

附表 42　2014 年中国造船三大指标比较

指标　　　时间	造船完工量			新承接订单量			手持订单量		
	2014 年累计	2013 年累计	同比增长	2014 年累计	2013 年累计	同比增长	2014 年累计	2013 年累计	同比增长
	（万载重吨）		（%）	（万载重吨）		（%）	（万载重吨）		（%）
1～2 月	414	569	−27.2	1808	503	259	14493	10629	36.4
1～3 月	743	945	−21.4	2584	957	170	14868	10700	39
1～4 月	1036	1378	−24.9	3030	1157	160	15015	10473	43.2
1～5 月	1302	1719	−24.3	3471	1375	108	15047	10351	41.4
1～6 月	1743	2060	−15.4	4080	2290	78.2	15206	10898	39.5
1～7 月	2066	2492	−21.5	4573	2975	42.5	15345	11152	36.4
1～8 月	2208	2695	−18.1	4740	3491	35.8	15370	11464	34.1
1～9 月	2606	3061	−14.9	5249	3806	37.9	15471	11397	35.7
1～10 月	2847	3480	−18.2	5373	4644	15.7	15355	11787	30.3
1～11 月	3265	3886	−16	5676	5186	9.4	15233	11923	27.8
1～12 月	3905	4534	−13.9	5995	6984	−14.2	14890	13100	13.7

资料来源：中国船舶工业行业协会。

附表43　2014年世界主要造船国家三大指标

指标/国家		世界	中国	韩国	日本
2014年造船完工量	万载重吨	9086	3629	2591	2264
	占比重（%）	100	39.9	28.5	24.9
	万修正总吨	3474	1153	1203	657
	占比重（%）	100	33.2	34.6	18.9
2014年新接订单量	万载重吨	10975	5102	3078	2255
	占比重（%）	100	46.5	28.0	20.5
	万修正总吨	3969	1531	1178	784
	占比重（%）	100	38.6	29.7	19.7
2014年手持订单量	万载重吨	31688	14972	8274	5957
	占比重（%）	100	47.2	26.1	18.8
	万修正总吨	11512	4565	3328	1969
	占比重（%）	100	39.7	28.9	17.1

资料来源：英国克拉克松研究公司。

附表44　消费品工业增加值增速

单位：%

年份	2009	2010	2011	2012	2013	2014
增加值增速	10.8	15.3	14.1	11	9.5	8.35

附表45　规模以上纺织企业工业增加值增速与主要产品产量增速

单位：%

年份	2007	2008	2009	2010	2011	2012	2013	2014
纺织工业增加值增速	16.5	10.3	9.1	12.7	10.7	10.5	8.3	6.7
纱产量增速	18.7	5.0	10.3	13.5	6.7	4.0	7.2	5.6
布产量增速	12.8	5.1	9.0	6.2	11.6	11.5	5.7	-0.4

附表46　医药行业工业增加值增速

单位：%

年份	2007	2008	2009	2010	2011	2012	2013	2014
工业增加值增速	18.3	17.1	14.8	15.2	17.9	14.5	12.7	12.5

附表47　食品行业工业增加值增速

单位:%

年份	2006	2007	2008	2009	2010	2011	2012	2013	2014
增速	18.23	19.57	15.83	14.87	14.00	15.00	12.00	9.1	7.8

附表48　全国规模以上电子信息制造业增加值月度增速变化情况

年份	2014												2015				
月份	1~2月	3月	4月	5月	6月	7月	8月	9月	10月	11月	12月		1~2月	3月	4月	5月	6月
累计增速（%）	8.9	11.3	11.3	11.0	1i.6	11.5	11.2	11.9	11.9	12.0	12.2		11.8	12.0	11.5	11.2	10.8

资料来源：工业和信息化部。

附表49　主要电子信息产品产量情况

时间	2008 年	2009 年	2010 年	2011 年	2012 年	2013 年	2014 年	2015 年上半年
手机（万部）	55964	61925	99800	113258	118154	145561	162720	76179
微型计算机（万台）	13667	18215	24600	32037	35411	33661	35080	14503
彩色电视机（万台）	9033	9899	11800	12231	12823	12776	14129	7058
集成电路（亿块）	417	414	653	720	823	867	1016	509
程控交换机（万线）	4584	4263	3134	3034	2826	3116	3123	683

资料来源：工业和信息化部。

附表50　电子信息制造业创新投入与产出情况

年份	2005	2006	2007	2008	2009	2010	2011	2012	2013
专利申请数（项）	12838	19886	27894	30386	40263	46209	71890	74811	78154
R&D 人员占从业人员比重（%）	6.70	6.10	6.70	7.10	4.95	4.59	4.80	4.53	4.44
R&D 经费占产品销售收入比重（%）	1.20	1.20	1.20	1.30	1.42	1.42	1.48	4.53	4.44
新产品销售收入占比（%）	25.1	24.1	24.9	28.7	27.0	27.6	28.7	27.6	31.3

资料来源：国家统计局。

附表51　2014~2015 年软件业务收入及其增速变化情况

时间	2014 年												2015 年				
	1~2 月	3 月	4 月	5 月	6 月	7 月	8 月	9 月	10 月	11 月	12 月		1~2 月	3 月	4 月	5 月	6 月
累计收入（亿元）	4667	7426	10287	13254	16929	19991	23248	26815	29853	32995	37026		5469	8800	12146	15880	20217

时间	2014 年											2015 年				
	1～2 月	3 月	4 月	5 月	6 月	7 月	8 月	9 月	10 月	11 月	12 月	1～2 月	3 月	4 月	5 月	6 月
累计增速（%）	21.5	20.9	21.0	20.9	21.8	21.4	21.5	20.6	20.3	20.1	21.1	15.8	17.5	16.7	17.1	17.1

资料来源：工业和信息化部。

附表 52 2008～2014 年中国软件业收入规模及比重

年份	软件业		电子信息制造业		软件业占电子信息产业比重（%）
	规模（亿元）	增速（%）	规模（亿元）	增速（%）	
2008	7573	29.8	51253	12.8	12.9
2009	9970	31.7	51305	0.1	16.3
2010	13589	36.3	63945	24.6	17.5
2011	18849	38.7	74909	17.1	20.1
2012	24794	31.5	84619	13.0	22.7
2013	30587	23.4	93202	10.4	24.7
2014	37026	21.1	102988	9.8	26.4
2015 年上半年	20217	17.1	50756	7.8	28.5

资料来源：工业和信息化部。

附表 53 2014 年软件业收入达百亿元规模以上省市统计

单位：亿元

序号	地区	规模	序号	地区	规模
1	江苏省	6173	11	陕西省	886
2	广东省	6019	12	湖北省	851
3	北京市	4797	13	重庆市	706
4	山东省	3089	14	吉林省	381
5	辽宁省	3061	15	湖南省	302
6	上海市	2899	16	河南省	234
7	浙江省	2438	17	河北省	150
8	四川省	1896	18	安徽省	145
9	福建省	1515	19	黑龙江省	133
10	天津市	907			

资料来源：工业和信息化部。